Conferencias:
morir es de vital importancia

Elisabeth
KÜBLER-
ROSS

Conferencias:
morir es de vital importancia

Elisabeth KÜBLER-ROSS

Obra editada en colaboración con Grup Editorial 62, S.L.U. – España

Título original: *Death is of vital importance*
© 2016, Kira Bermúdez, de la traducción
Título original del videocasete de la entrevista:
Aids, Life & Love. A conversation with Elisabeth Kübler-Ross
© Danne Smith: de la traducción y transcripción

© Montserrat Ribas Cassellas: de la traducción y transcripción de la
conferencia de Barcelona

© 1991,1995, Elisabeth Kübler-Ross, del texto
© 1996, Station Hill Press., Inc.

© 2015, Grup Editorial 62, S.L.U., España

Derechos reservados

© 2016, Editorial Planeta Mexicana, S.A. de C.V.
Bajo el sello editorial DIANA M.R.
Avenida Presidente Masarik 111, Piso 2
Colonia Polanco V Sección
Deleg. Miguel Hidalgo
C.P. 11560, Ciudad de México
www.planetadelibros.com.mx

Quinta edición impresa en España: julio de 2005
Primera edición en esta presentación en España: septiembre de 2015
ISBN: 978-84-15864-72-1

Primera edición impresa en México: mayo de 2016
ISBN: 978-607-07-3413-7

Impreso en los talleres de Litográfica Ingramex, S.A. de C.V.
Centeno núm. 162-1, colonia Granjas Esmeralda, Ciudad de México
Impreso en México – *Printed in Mexico*

Nota a la edición castellana

Esta segunda edición, corregida y aumentada, incluye las conferencias que Elisabeth Kübler-Ross pronunció en Suecia (1980 y 1981) y en Estados Unidos (1982 y 1985), compiladas y editadas por Göran Grip, M.D.

En 1995 Ediciones Luciérnaga publicó, con el título *Morir es de vital importancia*, algunas de estas conferencias, junto con la que Elisabeth Kübler-Ross dictó en la ciudad de Barcelona en 1992, además de la entrevista «Sida, amor y vida» realizada por K. Allison y M. M. Lapinski.

Esta nueva edición comprende todas las conferencias y la entrevista mencionadas. El lector encontrará a lo largo de su lectura algunas repeticiones, inevitables por ser la transmisión del pensamiento y experiencia de la doctora Kübler-Ross. Ediciones Luciérnaga ha preferido en esta edición publicarlas en su integridad en el intento de conservar la fuerza, espontaneidad, frescura y unidad presentes en cada una de ellas.

Morir es de vital importancia

Nací en Suiza, en el seno de una familia típicamente suiza, muy frugal como la mayoría de los suizos, muy autoritaria como la mayoría de los suizos, muy... poco liberal, si se puede decir así. Tuvimos todas las cosas materiales del mundo, y nuestros padres nos amaban.

Pero yo fui una hija «no deseada» al nacer. No es que mis padres no desearan una niña. Estaban muy ilusionados de tener una hija, pero querían una niña bonita, hermosa, que pesara cuatro kilos al nacer. No esperaban trillizas y cuando llegué yo, sólo pesaba 900 gramos. Era muy fea, no tenía pelo, y fui una desilusión terrible para mis padres.

Al cabo de quince minutos, llegó la segunda, y veinte minutos después, salió un bebé de tres kilos, y *entonces* se pusieron muy contentos. Pero les habría gustado devolver a las otras dos.

Así que viví la tragedia de haber nacido trilliza. Es la peor de las tragedias, y no se la desearía ni a mi peor enemigo. Si has crecido siendo trilliza, es algo extraño, porque podrías caerte muerta, literalmente, y nadie se daría cuenta. Sentía que toda mi vida estaba obligada a demostrar que, incluso yo, una criatura de 900 gramos, tenía algún valor. Tuve que trabajar muy duro para ello, como creen algunas personas ciegas, que tienen que trabajar diez veces más que los otros para poder conservar sus empleos. Yo tenía que demostrar con todas mis fuerzas que merecía vivir.

Tuve que nacer y criarme de esta manera para poder hacer este trabajo. Tardé cincuenta años en comprenderlo. Tardé cincuenta años en darme cuenta de que no hay coincidencias en la vida, ni siquiera en las circunstancias de nuestro nacimiento, y de que las cosas que nosotros vemos como tragedias no son realmente tragedias a menos que decidamos convertirlas en tragedias. Porque también podemos optar por considerarlas como oportunidades que se nos presentan, oportunidades para crecer, y entonces podemos ver que son desafíos y claves que tal vez necesitemos para cambiar nuestra vida.

Cuando estás al final de tu vida y miras hacia atrás, no para valorar los días fáciles sino los más duros, las tormentas de tu vida, te das cuenta de que en realidad son los días más duros los que te han hecho lo que eres hoy. Como dijo alguien una vez: «Es como poner una roca en un molino. Tuya es la decisión de salir triturado o pulido».

Y criarse como trilliza es ese tipo de desafío: años y años y años sabiendo, siendo totalmente consciente, de que mi propia madre y mi propio padre no sabían si hablaban conmigo o con mi hermana, consciente de que mis maestras no sabían si merecía un sobresaliente o un suspenso y que por eso nos ponían siempre aprobados.

Un día mi hermana tuvo su primera cita con un chico. Estaba enamorada, como la típica adolescente que se enamora por primera vez. La segunda vez que el chico la invitó a salir, se puso muy enferma y no podía hacerlo. Estaba muy triste. Así que le dije: «No te preocupes. Si de verdad no puedes salir y eso te entristece y tienes miedo de perderlo, yo iré en tu lugar *(sonrisas del público)* y él nunca se dará cuenta de la diferencia».

Le pregunté hasta dónde habían llegado. La sustituí, y su novio no se percató de la diferencia en ningún momento. *(Sonrisas del público.)*

Quizá visto desde aquí os parezca una anécdota graciosa, pero para una adolescente como entonces era yo, fue muy trágico pensar que podía estar enamorada de alguien, salir con él, y ser total y completamente reemplazable. A veces incluso me pregunto si no seré mi hermana.

Era necesario que yo aprendiera esta lección temprano en mi vida, porque después de ese incidente, cuando me di cuenta de que el novio de mi hermana no sabía diferenciar entre ella y yo, tomé la decisión probablemente más difícil de toda mi vida: abandonar Suiza, abandonar a mi familia, abandonar la seguridad de mi hogar. Hice un viaje por la Europa de la posguerra. Estuve también en Suecia para organizar un taller para coordinadores de talleres.

Maidanek

Estuve en Maidanek, Polonia, en un campo de concentración. Ahí vi trenes cargados de zapatitos de niños asesinados, trenes cargados de pelo humano. Una cosa es leerlo en los libros y otra bien distinta estar ahí, ver los crematorios y olerlo por ti misma.

Yo tenía diecinueve años y provenía de un país donde no existían las tormentas. No tenemos problemas raciales, no hay pobreza, y no hemos tenido una guerra en 760 años. Yo no sabía qué era la vida. En aquel lugar, se desencadenaron súbitamente en mí todas las tormentas de la vida. Después de una experiencia así, uno nunca vuelve a ser la misma persona. Y bendigo ese día. Sin aquella tormenta, hoy no estaría en este trabajo.

Me pregunté: «¿Cómo pueden los adultos, hombres y mujeres como vosotros y como yo, matar a 960.000 niños inocentes al mismo tiempo que se preocupan de sus propios hijos que están en casa enfermos de sarampión?».

Fui a los barracones donde los niños habían pasado la última noche de su vida, sin saber por qué, pero supongo que buscaba algún mensaje o pista sobre cómo aquellos niños habían afrontado la muerte. Observé que habían dibujado símbolos, arañando las paredes de los barracones con las uñas o rayándolas con piedras o un pedazo de yeso, y el dibujo más frecuente eran mariposas.

Yo vi esas mariposas. Era muy joven y muy ignorante. No entendía ni tenía idea de por qué esos niños de cinco, seis, siete, ocho, nueve años, arrebatados de sus familias, de la seguridad de sus hogares y escuelas, y encerrados en vagones para ganado y transportados hasta Auschwitz y Buchenwald y Maidanek, veían mariposas. Tardé medio siglo en encontrar la respuesta.

Maidanek fue el principio de mi trabajo.

En Maidanek conocí a una muchacha judía que se había quedado ahí en lugar de marcharse. Yo no entendía la razón. Había perdido a sus abuelos, a sus padres y a todos sus hermanos y hermanas en las cámaras de gas del campo de concentración. Habían llenado de gente la cámara de gas y entonces ya no cabía nadie más, y por eso ella se salvó.

Horrorizada, le pregunté: «¿Qué demonios haces aquí? ¿Por qué te has quedado aquí, en este lugar tan inhumano?». Y ella me respondió: «Durante las últimas semanas del campo de concentración me juré a mí misma que sobreviviría sólo para contarle al mundo todos los horrores de los nazis y de los campos de concentración. Entonces llegó el ejército de liberación. Miré a esa gente y me dije: "No. Si hiciera eso, yo no sería mejor que el propio Hitler". Porque, ¿qué otra cosa estaría haciendo sino plantar aún más semillas de odio y negatividad en el mundo? Sin embargo, si consigo creer profundamente que nadie sufre más de lo que es capaz de soportar, que nunca estamos solos, que puedo reconocer la tragedia y la pesadilla de Maidanek y dejarla en el pasado, si puedo tocar una sola vida humana y apartarla de la negatividad, del odio, la venganza y la amargura para que sea una persona capaz de servir y amar y preocuparse por los demás, entonces habrá merecido la pena, y yo merecía sobrevivir».

La negatividad se nutre sólo de la negatividad y entonces, crece como un cáncer. Pero existe la posibilidad de aceptar lo que sucedió como una triste y espantosa realidad, que se ha acabado, que ha pasado, y que ella no puede cambiar. Ella había optado por esta alternativa.

Lo que *sí* podía cambiar, no obstante, era lo que iba a hacer, lo que iba a aprender de todo lo que había ocurrido. Y por eso decidió quedarse en ese espantoso lugar, de horribles visiones y hedores.

Ella y yo fuimos a los barracones. Juntas descubrimos las mariposas. Juntas empezamos a hablar como dos jóvenes. Y juntas empezamos a filosofar sobre la vida y la muerte. Y ella fue quien dijo: «¿No crees, Elisabeth, que en todos nosotros hay un Hitler?». Ella y yo nos dimos cuenta a muy temprana edad que, en realidad, sólo depende del coraje para mirar en uno mismo la propia negatividad y el propio potencial, para que seamos seres humanos capaces de servir y amar. Porque en todos nosotros, *también* existe el potencial de ser una madre Teresa.

Nos despedimos. Yo regresé a Suiza. Estudié medicina. Mi sueño era ir a algún lugar de África o de la India, ser médico como Albert Schweitzer. Pero dos semanas antes de la fecha prevista para mi viaje a la India, me notificaron que el proyecto había fracasado. Y en lugar de las junglas de la India, acabé en las junglas de Brooklyn, Nueva York. Me casé con un norteamericano, que me llevó al lugar del mundo que figuraba el último en mi lista de lugares donde quería vivir: la ciudad de Nueva York, la jungla más grande del mundo. Me sentía *muy* infeliz.

Como médico extranjero, en Nueva York era imposible encontrar una buena residencia en el mes de junio, así que acabé en Manhattan State Hospital con pacientes esquizofrénicos crónicos, incurables. Me costaba entender su inglés. Cuando me hablaban en *esquizofrenés*, era como si lo hicieran en chino. Yo no sabía nada de psiquiatría. Era una buena médica rural, pero no era psiquiatra.

Al no saber psiquiatría, y sintiéndome tan sola y miserable e infeliz, y no queriendo que mi esposo fuera infeliz a causa mía, me abrí a los pacientes. Me identifiqué con su miseria y su soledad y su desesperación.

Y de repente, mis pacientes comenzaron a hablar. Personas que no habían hablado en veinte años comenzaron a verbalizar y a compartir sentimientos. De pronto, supe que no estaba sola en mi miseria, aunque *mi* miseria no era ni mucho menos tan dura como vivir en un frenopático. Durante dos años no hice otra cosa que vivir y trabajar con estos pacientes, compartiendo con ellos las fiestas de Hanukkah, Navidad, Semana Santa y la Pascua judía, sólo para compartir su soledad, sin saber mucha psiquiatría, sin conocer la teoría psiquiátrica. Apenas entendía el inglés que hablaban, pero nos amábamos. Nos queríamos de verdad.

Comencé a escucharlos. No me refiero a su lenguaje sino a sus comunicaciones no verbales y simbólicas. Me di cuenta de que lo que estimulaba a estas personas, lo que hacía que se comportaran y reaccionaran como seres humanos, eran dos cosas, ambas muy poco saludables pero igualmente muy humanas: los cigarrillos y la Coca-cola.

Sólo cuando recibían cigarrillos y una Coca-cola mostraban alguna reacción o respuesta humana. Muchos llevaban hasta veinte años en el frenopático, encerrados peor que animales.

Así que me decidí. Otra vez, tuve que optar. Les quité los cigarrillos y la Coca-cola. Me costó mucho hacerlo, porque soy una blandengue. Les dije que si querían aprender el respeto a sí mismos y recuperar algún grado de dignidad y autoestima para volver a ser humanos, tendrían que *ganarse* sus beneficios.

Y al cabo de una semana, estas personas que, en realidad no respondían a nada, estaban todas ataviadas. Se habían peinado, llevaban zapatos y hacían cola para ir al taller a montar piezas para ganarse sus propios beneficios, sus cigarrillos y su Coca-cola.

Hicimos cosas muy sencillas por el estilo. Yo amaba de verdad a esa gente, porque me crié sabiendo lo que era tenerlo todo y en cambio no tener nada. A pesar de criarme como trilliza en el seno de una familia acomodada que me amaba, donde tenía todas las cosas materiales, yo no había tenido absolutamente nada porque nadie sabía que yo existía como ser humano individual.

Así que en lugar de hablar del esquizofrénico de la habitación 17 y de la maníaca depresiva de la habitación 53, yo conocía a esas personas por sus nombres, conocía sus idiosincrasias, sus gustos y disgustos. Y ellos comenzaron a responder.

Dos años más tarde, pudimos darle el alta a un noventa y cuatro por ciento de estos llamados esquizofrénicos crónicos incurables, y no para que pasaran a depender de los servicios sociales, sino como personas autónomas en la ciudad de Nueva York. Yo estaba muy orgullosa de ello.

Pienso que el regalo más grande que me brindaron aquellos pacientes fue enseñarme que hay algo más allá de los fármacos, más allá de la terapia de electroshock, y más allá de la ciencia de la medicina. Con verdadero amor y atención, se puede ayudar seriamente a las personas y conseguir que muchas de ellas sanen.

Lo que intento decir es que los conocimientos ayudan, pero el conocimiento *por sí solo* no va a ayudar a nadie. Si no usáis la cabeza y el corazón y el alma, no ayudaréis a un solo ser humano. En todo mi trabajo con pacientes he aprendido que, ya sean esquizofrénicos crónicos, niños con retraso mental grave o pacientes moribundos, cada uno de ellos tiene un propósito en la vida. Todos ellos no sólo pueden aprender y recibir vuestra ayuda, sino que pueden convertirse en vuestros maestros. Esto es verdad tanto para un niño de seis meses que no sabe hablar, como para aquellos pacientes esquizofrénicos crónicos que se comportan como animales la primera vez que los visitas.

El lenguaje simbólico

El segundo regalo que me hicieron mis pacientes esquizofrénicos es que aprendí un lenguaje sin el cual me habría sido imposible trabajar con niños moribundos. Ese lenguaje es el lenguaje simbólico y universal que utilizan las personas en todo el mundo cuando se encuentran en crisis. Si os criasteis de forma natural —y no digo normal, porque normal significa terriblemente no natural— no tendríais que leer libros sobre la muerte y el morir para trabajar con pacientes moribundos, porque podríais aprender lo que hay que hacer como lo aprendí yo en Manhattan State Hospital. Siempre digo —medio en broma, aunque lo digo muy en serio— que las únicas personas sinceras que quedan en esta Tierra son los psicóticos, los niños y los pacientes moribundos. Y si usáis estas tres clases de personas —y quiero decir «usar» en un sentido positivo—, si podéis aprender a escuchar, a escucharlos de verdad, ellos os enseñarán lo que llamamos el lenguaje simbólico.

Las personas que sufren dolor, las personas que están en estado de *shock*, las personas postradas, las personas abrumadas por una tragedia que escapa a su comprensión y a su capacidad para enfrentarla, usan este lenguaje. Los niños moribundos, enfrentados a su muerte inminente lo saben, aunque jamás se lo hayan enseñado. El lenguaje simbólico es un lenguaje universal, y se utiliza en todo el mundo.

No hay nadie que se esté muriendo, ya tenga cinco años o noventa y cinco, que no sepa que se está muriendo. Y la pregunta no es: ¿Le digo que se está muriendo? La pregunta es: ¿Puedo escucharlo?

Tal vez una paciente os diga: «No estaré para tu cumpleaños en julio». Es bueno que podáis escuchar esta frase sin que vuestra propia necesidad os impulse a decir: «Ay, no hables así. Te vas a poner bien», porque eso interrumpiría la comunicación entre la paciente y vosotros, porque la paciente entendería que no estáis preparados para escuchar, y así le hacéis callar, literalmente, y se sentirá muy sola.

Pero si no tenéis problemas con la muerte y el morir, si podéis reconocer que esta mujer sabe interiormente que está cerca de la muerte, entonces sentaos con ella, tocadla, y decidle: «¿Hay algo que pueda hacer por ti, abuela?», o lo que se te ocurra.

Me hablaron de una joven que fue a visitar a su abuela. La anciana se quitó el anillo del dedo y se lo dio a su nieta sin decir una palabra. Eso es lenguaje simbólico no verbal. Se lo puso sin más a su nieta en el dedo. Y su nieta no le dijo: «Ay, abuela, no hagas eso. A ti te encanta este anillo. Quiero que lo tengas tú». Le dijo: «¿De verdad quieres que lo tenga *yo*?». Y la abuela hizo así *(Elisabeth imita a la abuela asintiendo con la cabeza)*. Y entonces la nieta dijo: «¿Por qué no...?», pero interrumpió lo que tenía intención de decir, que era: «¿Por qué no esperas y me lo das por Navidad?», porque en seguida supo que su abuela debía de saber que ya no estaría ahí por Navidad. Y la abuela se puso muy contenta de haber tenido el privilegio de darle el anillo. Murió dos días antes de Navidad. Eso es lenguaje simbólico no verbal.

Pero muy a menudo los pacientes no nos hablan con un inglés comprensible, o con un sueco comprensible. Muchas personas intuyen vuestra ansiedad cuando los visitáis. Eso les impulsa a hablar del tiempo. No porque les interese el tiempo, claro está, sino porque intuyen vuestra ansiedad, y por eso se guardan sus problemas para sí. La razón es que no quieren contribuir a *vuestra* ansiedad, porque temen que si lo hacen, quizá abandonéis la habitación y no volváis a visitarlos.

Cuando las personas intentan transmitirnos que tienen conciencia de su enfermedad terminal, o de cualquier otra tragedia, emplearán básicamente tres lenguajes: uno, en Suecia, sería la lengua sueca, lisa y llanamente. Si los pacientes os dicen, cuando los visitáis: «Sé que tengo cáncer. Ya no volveré a salir de este hospital», éstas son las personas a las que escucháis, son las personas a las que ayudáis, son las personas a las que respondéis porque ellas son las que os lo ponen fácil. Ellas inician vuestra comunicación, ellas llaman las cosas por su nombre. Éstas son las personas que *no* necesitan vuestra ayuda. Porque los pacientes con una enfermedad terminal que son capaces de hablar simple y llanamente, en sueco o en inglés, sobre su propio cáncer y sobre el hecho de que se están muriendo, son las personas que ya han superado su temor más grande, el miedo a la muerte. En realidad, ellas acaban ayudándoos a *vosotros*, y no al revés. Tal vez no lo reconozcáis nunca, pero ellas son en realidad *vuestros* terapeutas, ellas son un regalo para *vosotros*. Esta noche no quiero hablaros de estas personas.

Las personas que necesitan vuestra ayuda, que la necesitan desesperadamente, son las que se encuentran en estado de *shock* o de entumecimiento, personas que no están preparadas para las tormentas de la vida, personas que han sido mimadas por la vida y para las que todo ha sido fácil y apacible, personas que provienen de familias que las protegían de todas las desgracias. Estas personas se han criado en un invernadero. Tarde o temprano, les llegan las tormentas y no están preparadas para ello, como los padres que perdieron a todos sus hijos a manos de distintos tipos de cáncer en cuestión de seis meses. Se quedaron sin hijos, y fue tal su dolor, tal su incredulidad ante el hecho de que esto pudiera sucederles a ellos, que eran incapaces de hablar de ello en un inglés simple y llano. Por eso recurrieron al lenguaje simbólico. Os ruego que aprendáis este lenguaje para que también vosotros podáis escucharlo.

Existen dos tipos de lenguaje simbólico: el lenguaje simbólico no verbal y el símbolo verbal. Ambos son lenguajes universales que pueden usarse en todo el mundo. Y cuando hayáis comprendido este lenguaje, que es el que emplean los niños casi exclusivamente, entonces nunca tendréis que adivinar, nunca tendréis que arriesgar, y empezaréis a comprender que todos y cada uno de los niños moribundos, todos y cada uno de los adultos moribundos, saben —no siempre de forma consciente pero sí subconscientemente— que se están muriendo. Compartirán con vosotros lo único que necesitan compartir: sus asuntos pendientes.

Tal vez algunos sepáis lo que es una «parábola». Jesús era muy listo. Sabía que quería enseñar a muchas personas aquello que había venido a enseñar. Pero aquella gente no estaba preparada; al menos, muchos no lo estaban. Y por eso, usó las parábolas, sabiendo que los que estuvieran preparados para escuchar, escucharían. Y los demás, todavía se están rascando la cabeza, dos mil años después. *(Sonrisas del público.)* Y ése es el lenguaje que emplean los niños moribundos cuando *os* eligen, y es cierto que eligen con quién usar ese lenguaje. Tal vez sea con una auxiliar de enfermera o con alguien que ellos crean capaz de comprender. Los niños de tres a cuatro años os miran y os atraviesan con la mirada, y saben si seréis capaces de encajarlo, o si vais a decir en seguida: «Bah, los niños no saben de estas cosas. Habla por hablar».

Usan un lenguaje muy parecido a las parábolas, un lenguaje simbólico, y si asentís con un gesto de la cabeza cuando no sabéis de qué hablan, rápidamente os descartarán por falsos. En cambio, si comprendéis que intentan deciros algo pero vuestra experiencia ha sido limitada, podríais decirles: «Intentas decirme algo, pero no estoy segura de qué es. ¡Dímelo otra vez!». Entonces ellos lo expresarán en dos, tres, cuatro o diez variaciones distintas hasta que comprendáis.

La mayoría de las veces no hace falta más que una visita a domicilio para ayudar a las familias y a los pacientes a evaluar —en cierta forma, a diagnosticar— sus asuntos pendientes y ayudarlos a deshacerse de ellos, para que así puedan seguir adelante y afrontar su muerte inminente, con paz y serenidad y una ausencia de temor y dolor.

Cuando un paciente usa el lenguaje simbólico, significa que os está poniendo a prueba, para ver si estáis preparados para lo que sea que necesita de vosotros. Los niños usan casi exclusivamente el lenguaje simbólico no verbal. Y el lenguaje más sencillo, más hermoso y más útil que usan los niños son los dibujos.

Susan Bach, una analista jungiana de Londres, desarrolló un método para mirar los dibujos espontáneos de los niños, niños del hospital donde yo trabajé durante quince años en Zurich. Ella pidió a los niños, todos ellos con tumores cerebrales, que hicieran un dibujo espontáneo, y entonces descubrió que todos revelaban en sus dibujos una conciencia de su patología e incluso de la localización del tumor cerebral.

Y cuando aprendió a analizar los dibujos, comenzó a darse cuenta de que los niños no sólo eran conscientes de lo que sucedía en el interior de su cuerpo sino que muy a menudo revelaban cómo y cuándo iban a morir.

Cuando tratamos con niños afectados de leucemia, cáncer u otras enfermedades, les pedimos que hagan un dibujo, y así nos revelan su propio conocimiento subconsciente íntimo de su enfermedad. Con el lenguaje simbólico no verbal, les ayudamos a terminar sus asuntos pendientes, y entonces ellos mismos pueden ayudar a sus mamás y papás a afrontar su inminente muerte.

Algunos habéis leído mi libro *Vivir hasta despedirnos,* * y habéis visto el dibujo que hizo aquella niña de cinco años, Jamie, de un globo lila que sube flotando hacia el cielo. El lila es el color de la espiritualidad. Su concepto de la muerte era que en un futuro muy inmediato ella sería un espíritu que sube flotando hacia el cielo.

Niños que pierden a un familiar

(*Pregunta del público: «Yo quisiera que nos hablaras de los niños y sus reacciones tras haber perdido al padre o a la madre».*)
Los niños reaccionarán ante la muerte de uno de sus padres de acuerdo a cómo hayan sido criados antes de ocurrida la muerte. Si los padres no le tienen miedo a la muerte, si no han protegido a sus hijos sino que han compartido con ellos, por ejemplo, la muerte de un animal doméstico o la muerte de una abuela, o si les han permitido participar en el cuidado del padre o la madre moribunda en casa y también asistir al funeral, entonces no tendréis problemas con los niños.

* Ediciones Luciérnaga, 1991.

Ésta es una de las principales razones por las que llevamos a madres y padres jóvenes a casa a morir. El hijo más pequeño puede ocuparse de elegir la música preferida de mamá. Otro hijo puede ocuparse de traer el té. El tercero puede responsabilizarse de otra cosa. De esta manera, los niños *participan* en el cuidado de la madre o padre moribundos. Cuando llega el momento en que la madre ya no puede hablar y cuando entra en coma durante los últimos días de su vida, los niños aún pueden tocarla, amarla y abrazarla.

Entonces se les puede contar a los niños que la mamá está en coma como en un capullo, que está muy viva y que es capaz de escuchar todo lo que ellos le dicen. Puede incluso escuchar música. Pero ya no puede hablar ni responder. Si se permite a los niños participar en este proceso, tendrán una experiencia de aprendizaje increíblemente hermosa.

Pero si la madre está en un hospital o en una unidad de cuidados intensivos, sobre todo en Estados Unidos, donde los niños tienen prohibido la entrada al hospital, sufrirán espantosas pesadillas sobre lo que creen que le están haciendo a su mamá. Y si encima no se les permite ir al funeral, entonces albergarán muchos temores y quedarán muchos asuntos pendientes, que quizá se prolonguen aún muchos años.

Nuestro lema preferido es: *Si cubrierais las montañas del Cañón del Colorado para protegerlas de las tormentas, nunca veríais la belleza de sus relieves.* Eso significa que no deberíais cubrir a vuestros hijos, que no deberíais «protegerlos», porque no podéis, al fin y al cabo, hacerlo. Lo único que conseguiréis es protegeros a vosotros mismos, mientras impedís que vuestros hijos tengan una oportunidad para crecer y prepararse para la vida.

El hermano de Jamie

Los hermanos son quienes peor lo pasan cuando se trabaja con niños moribundos. Fijaos en el hermoso ejemplo del libro *Vivir hasta despedirnos*, donde Jamie, la niña de cinco años que mencioné antes, murió de un tumor cerebral, en la médula oblonga. Pudimos llevarla a casa. Su hermano de ocho años pudo participar en el cuidado de su hermana. Él solía volver a casa de la escuela tras decirles con mucha naturalidad a sus compañeros que ahora tenía trabajo. Entonces ponía el oxígeno y con mucha ternura le daba un poco a su hermana. Saltaba de la cama cuando veía que ella necesitaba succionar, y con un amor y una ternura increíbles, le colocaba el oxígeno.

Cuando ella murió, a él no le quedó ningún trabajo de duelo por llevar a cabo. Le quedó sólo el duelo.

Cuando el libro fue publicado, con fotos de él y de su hermana moribunda, se lo llevé para enseñárselo de manera muy natural, pensando cómo reaccionaría. Primero, sólo se fijó en sus propias fotos, que es lo que hacemos todos, aunque finjamos mirar las demás fotos *(risas)*. Cuando estuvo satisfecho de sus propias fotos, entonces miró el capítulo entero sobre su hermana. Su hermosísima respuesta fue: «Me alegro mucho de que esto saliera en forma de libro. Porque si mis amigos pierden a un hermano o una hermana podrán mirar *mi* libro y saber lo que tienen que hacer». El muchacho tenía un gran sentimiento de orgullo y de triunfo, y no se sentía desamparado ni rechazado, como sucede con muchos hermanos y hermanas de niños moribundos.

Cuando se atienden niños cuya mamá o papá están moribundos y la familia pregunta: «¿Cómo demonios preparamos a los niños?», pedidles simplemente a los niños que os hagan un dibujo y entonces ellos mismos pasarán a contaros todo lo que saben sobre la muerte inmediata o inminente de su mamá o papá. Os daré un ejemplo práctico:

Lorrie

Un día nos llamó una maestra que describió a una niña de primer año de escuela que había empezado el curso muy bien, pero que al cabo de unos meses se había ido deteriorando rápidamente. La maestra no entendía la razón. Había llamado a casa de la niña y una tía muy enojada le había contado que la madre de la niña se estaba muriendo de cáncer, que llevaba dos semanas en coma en el hospital, y que se esperaba que muriera de un día a otro.

Naturalmente, la maestra preguntó a la tía si las niñas —la niña tenía una hermana un año menor— estaban preparadas para la muerte de su madre. Ella le respondió que no. Nadie les había contado nada a las niñas y, además, no habían visto a su padre desde hacía dos semanas porque, desde que la madre había entrado en coma, el joven esposo se levantaba más temprano cada día para ir directamente al hospital después del trabajo y estar con su mujer moribunda. Cuando llegaba a casa por la noche, las niñas ya estaban durmiendo.

Entonces la maestra, muy correctamente, le dijo: «Alguien tiene que hablar con estas niñas antes de que ocurra». Y la tía, con voz muy irritada, dijo: «¡Entonces hable *usted* con ellas! Pero si lo hace, hágalo ahora, porque mañana puede ser demasiado tarde». A continuación, le colgó el teléfono a la pobre maestra. Los maestros tampoco están preparados para este tipo de trabajo.

La maestra me llamó y me pidió que le ayudara. Yo le dije que podía traer a las niñas a mi casa después de clase con una condición, y es que ella permaneciera con nosotras y viera lo que yo iba a hacer con las niñas, de modo que en una siguiente ocasión ella pudiera hacerlo por sí misma. Y vino.

Yo veo a todos mis pacientes moribundos en visitas a domicilio, y cuando los familiares han venido a mi casa ha sido puramente por motivos económicos. A todos los niños que pueden caminar, los recibo en mi cocina. No tengo un despacho de consulta porque es algo que atemoriza mucho a los niños. Tampoco los visito en mi sala de estar. Los veo en la cocina porque mi cocina tiene un hogar y, en Chicago, donde a veces la temperatura llega a 5 grados bajo cero, es muy agradable sentarse junto a un hogar encendido.

Hago algo con ellos que es muy «horrible» y antiholístico. Siempre les sirvo Coca-cola y donuts *(risas del público)*. Es la comida menos sana que se le puede dar a un niño y como médica, soy consciente de ello. Y os diré por qué lo hago.

Se trata de niñas a las que ya no se les ha dicho la verdad sobre la enfermedad de su madre. Ya no confían en los adultos. Les va mal en la escuela. Esto significa que están muy preocupadas y que no tienen a nadie con quien comunicarse con sinceridad. Es fácil entender lo que le pasaría a un párvulo o a un niño de primer año si la maestra los lleva después de la escuela a la casa particular de una psiquiatra y ésta los alimenta con un germen de trigo o brotes de soja que les resultan extraños. *(Sonrisas del Público.)*

En lugar de eso, les damos aquello con lo que se sienten más cómodos. Que sea sano o no es algo total y absolutamente irrelevante en *ese* momento. Es muy importante que escuchéis esto que digo. Porque sería aprovecharse erróneamente de nuestra autoridad y de nuestra posición que intentáramos convertirlos a costumbres alimentarias más sanas en ese momento. Los adultos tenemos tendencia a hacerlo y los niños desconectarán de nosotros y con razón.

Al cabo de un año, tal vez, cuando estos niños sean mis amigos porque nos hemos ayudado mutuamente a superar un trance muy difícil, tal vez estén dispuestos a escucharme. Entonces los volveré a invitar a mi cocina y juntos podremos cocinar platos sanos.

Tengo que decir que en el pasado, cuando no explicaba la razón que tenía para darles Coca-cola y donuts, recibía cartas increíblemente hostiles de distintas personas, y ya no necesito que me envíen más. *(Risas del público.)*

Los niños y yo solemos sentarnos a la mesa de la cocina, y

mientras mordisquean sus donuts y sorben sus Coca-colas, les pido que hagan un dibujo. Les doy una caja de lápices de cera y, al cabo de dos minutos, ya sé que estos niños lo saben. Entonces podemos hablar abiertamente de ello, y media hora después abandonan mi casa y se sienten bien, y es *así* de sencillo.

Esta niña de primer año dijo algo muy hermoso. Dibujó una figura de palo con piernas enormes —de un color rojo vivo, que es siempre un color de peligro— y, al lado, una especie de trazo indio. Antes de terminarlo, lo tachó muy enfadada, de nuevo con rojo, que es enfado y dolor.

Miré la figura de palo que tenía piernas totalmente distorsionadas y le dije: «Me pregunto si ésa es tu mamá». Brevemente, ella respondió: «Sí».

Dije: «Dios mío, una mamá con piernas así debe de tener muchos problemas para caminar». Ella me miró como si me estuviera poniendo a prueba, y dijo: «Las piernas de mamá están tan mal que nunca más volverá a pasear con nosotras en el parque».

Entonces interrumpió la maestra —siempre interrumpen *(sonrisas del público)*— y dijo: «No, doctora Ross, eso no es verdad. Su madre tiene el cáncer muy extendido. La única parte de su cuerpo que no está afectada son sus piernas». Y yo dije: «Gracias. Pero yo no quiero *tu* realidad. Necesito la realidad de la niña». La maestra entendió el significado de mi comentario. Entonces cometí un error. Volví a dirigirme a la niña y dije: «Lorrie, las piernas de tu mamá deben de estar muy mal». Y ella, *muy* enojada, me dijo: «Te he *dicho* que las piernas de mi mamá están tan mal que nunca más volverá a pasear con nosotras en el parque». Como si me dijera: «¿No me escuchas?». *Entonces* sí la escuché.

Luego le pregunté sobre esa curiosa figura india. No quiso contarme nada.

Hay ciertos trucos en este trabajo que se aprenden por ensayo y error. Si quieres que un niño te cuente la verdad, lo único que tienes que hacer es equivocarte al adivinar. Tarde o temprano, se cansan de tus estúpidas preguntas y te cuentan la verdad. *(Risas del público.)*

Pero no puedes fingirlo. Si yo hubiera sabido lo que era y hubiera fingido ignorancia, la niña lo habría intuido al instante. Pero la verdad es que yo no sabía lo que simbolizaba esa figura, así que intenté adivinarlo de mil maneras, pero me equivoqué en todas. Y entonces, muy enojada, ella dijo: «No, es una mesa caída». Dije yo: «¿Una mesa caída?». Y ella respondió: «Sí, mi mamá nunca más volverá a cenar con nosotros en la mesa de la cocina».

Si una niña te dice «nunca más» tres veces en tres minutos, *tú* sabes que *ella* lo sabe. Así que pasé del lenguaje simbólico a un inglés simple y llano. Le dije: «Tú mamá nunca más volverá a cenar con vosotras en la mesa de la cocina y nunca más volverá a pasear con vosotras en el parque. Para mí, eso significa que tu mamá no se va a poner bien. Para mí, eso significa que se va a morir». Y ella me miró y me dijo: «¡Sí!», con un tono que sugería una pregunta: «¿Por qué te ha costado tanto?». *(Sonrisas del público.)*

Y es con ese lenguaje... y esto es lo que quiero decir cuando digo: «Tú no se lo dices a *ellos*. Ellos siempre, y digo siempre, te lo dicen a *ti*, si comprendes su lenguaje».

Le pregunté qué significada para ella que muriera su mamá, y ella dijo muy rápidamente: «Mi mamá va al cielo». Entonces pregunté: «Y eso, ¿qué quiere decir para ti?». Y ella cerró la boca con fuerza, retrocedió un paso y dijo con tono seco: «No lo sé».

¿Cuántos de los que estáis en esta sala —si hicierais un esfuerzo por comportaros como norteamericanos un par de minutos, y eso quiere decir no ser tímidos *(sonrisas del público)*— le diríais a estas dos niñas con una madre moribunda: «¿Tu mamá va al cielo?». *(Silencio del público.)*

¡Seamos un poco sinceros y levantad la mano! *(Toses e incomodidad del público.)*

Veo dos manos. ¿Podéis creer que sólo dos diríais eso? *(Risas y toses.)* ¿Podéis creerlo?

Si dos niñas con una madre que morirá dentro de un par de días os preguntaran: «¿Qué va a pasar con mi mamá cuando muera?», ¿cuántos le diríais de alguna manera u otra: «Tú mamá va a ir al cielo»? *(Movimiento entre el público.)*

¡Ahora tenemos unas treinta manos! Y si insistiera unas diez veces más con esta pregunta, poco a poco me iría acercando a la totalidad de manos levantadas. *(Risas.)* Intento demostraros que esto es lo que ocurre en todo el mundo.

¿Cuántos jamás contestarían: «Tu mamá va a ir al cielo»? *(Silencio breve. No se ven manos. Sonrisas.)* Ésa es la cantidad exacta. Generalmente.

Intento demostraros que la mayoría de las personas, si son sinceras y no temen equivocarse en público, reconocerán que ésta es la contestación más frecuente que los adultos ofrecen a los niños. Y esa respuesta implica que la mamá va a un lugar bueno donde no hay más dolor, ni más sufrimiento. Es realmente por eso que se dice. Pero *también* significa: «¡Ahora, hazme el favor de callar! No me hagas más preguntas y sal al patio a jugar!». No lo reconocemos, pero es verdad.

Lo que nosotros como adultos les decimos implícitamente a estos niños es: «Tu mamá va a un lugar bueno donde no hay más dolor, ni más sufrimiento». Y esperamos que sea eso lo que se transmite a estos niños. Y al día siguiente, cuando la mamá muere, los mismos adultos lloran y se comportan como si hubiera ocurrido la más terrible de las tragedias. ¿Entendéis por qué los niños no os creen?

Éste ha sido el problema más grande.

Yo le dije a Lorrie: «Yo no voy a hablar del cielo. Creo que es muy importante que sepas lo que le pasa a tu madre ahora mismo. Tu mamá está en coma. Estar en coma, significa que tu mamá es como un capullo. El capullo parece que está muerto. Tu madre ya no te puede abrazar. Ya no te puede hablar. Ya no te puede responder. Pero ella *oye* cada una de las palabras que dices. Y muy pronto, dentro de uno o dos días, lo que le va a pasar a tu mamá es lo que le pasa a una

27

mariposa. Cuando llega el momento, el capullo se abre y sale la mariposa». (Eso es lenguaje simbólico verbal.)

Y hablamos de mariposas y capullos. Ella me hizo muchas preguntas sobre su mamá, y le pedí al médico que transgrediera una norma —en los hospitales estadounidenses están prohibidas las visitas de los niños. Llamamos y un médico muy cariñoso nos dio permiso; él se las arreglaría para que las niñas pudieran entrar en el hospital a escondidas.

Y les pregunté si querían ver a su mamá una vez más para decirle todas las cosas que necesitaban decirle antes de que muriera. Las niñas, muy enfadadas, dijeron: «No nos dejarán», y yo les dije: «¿Qué os apostáis?». (Hoy en día es mi manera de ganar todas mis apuestas.)

Creemos muy firmemente en que es preferible llevarle flores a las personas mientras están vivas que amontonarlas sobre su ataúd. Creemos muy firmemente que si a las personas les gusta la música, deberían tener música en un momento como éste. Pregunté a las niñas por la música preferida de su mamá. A su mamá le encantaba John Denver. Así que les dimos cintas de John Denver a las niñas.

Mi consulta había concluido a los cuarenta y cinco minutos. Pasamos un rato estupendo, y tuvo consecuencias increíbles. La maestra llamó al día siguiente y, llorando por teléfono, me dijo que su visita al hospital había sido la más conmovedora de su vida.

Al abrir la puerta de la habitación del hospital, ahí estaba la madre en coma. Su esposo estaba sentado a *esta* distancia de la cama (*Elizabeth extiende al máximo los brazos*), una imagen de la soledad más profunda. Nadie se tocaba.

Las dos niñas entraron corriendo a la habitación, se subieron de un salto a la cama de su mamá y, con gran alegría e ilusión —no estaban melancólicas ni deprimidas ni infelices—, compartieron con su mamá que sabían que ella ya no podía abrazarlas, pero que podía oír cada una de las palabras que ellas le decían, y que muy pronto, en un par de días, ella sería libre como una mariposa.

El padre, naturalmente, se echó a llorar y a sollozar y al final abrazó a sus hijas y pudo comunicarse con ellas. La maestra, muy oportunamente, los dejó para que compartieran a solas aquel momento de intimidad.

En el sistema escolar de Estados Unidos, tenemos una cosa que se llama «enseña y cuenta». Los niños llevan algo especial a la escuela y se les permite compartirlo con la clase.

A la mañana siguiente, Lorrie quiso hacer un «enseña y cuenta» en la escuela. Subió a la pizarra, dibujó un capullo y una mariposa saliendo del capullo y compartió con los niños de su clase de primer año su visita a su madre moribunda en el hospital, y así dio lo que nosotros consideramos el primer seminario sobre la Muerte y el Morir a una clase de niños de primero impartido por una niña de primero. La única que lloró durante toda la sesión fue la maestra.

Sus compañeros se mostraron abiertos y comenzaron a compartir con Lorrie sus experiencias con la muerte en sus propias vidas, normalmente la muerte de una mascota, de un animal muy querido, y a veces de una abuela o un abuelo.

Gracias a ese momento compartido con su madre, esta niña pudo comunicarse con toda una clase de niños de primer año.

Pero eso no es todo. Lo que intento transmitiros es que si pasáis una hora con una niña y compartís con ella la experiencia de la muerte, las ramificaciones serán increíbles. Porque sin esa hora, yo no estaría aquí en Estocolmo esta noche.

En enero, cuando volví de Suiza, me encontré con un enorme montón de cartas que, con la Navidad, se había multiplicado con las felicitaciones. Cuando dejo las cosas para más adelante me meto en la cocina y preparo galletas de Navidad para los próximos días. Lo hago también en mayo y en agosto. *(Sonrisas del público.)* Entonces miré ese enorme montón de correo sin abrir ni contestar y decidí: «No. No puedo hacer-

29

lo otra vez». Decidí dejarlo. Me dirigí hacia la cocina y entonces volví a mirar el montón y me fijé en un sobre de manila grande, marrón, con esa letra grande, en mayúscula que usan los niños pequeños para escribir. Lo abrí y ¡en todo el año no he vuelto a preparar galletas de Navidad!

Era un regalo de Lorrie. Su carta decía: «Querida doctora Ross. Me gustaría pagarte por la consulta». Me contaba que había estado pensando en qué darme, en algo que fuera significativo, y decidió darme el regalo más precioso que podría darme un niño en toda mi vida. Me dio la colección entera de todas las cartas de pésame que había recibido de sus compañeros de clase después de la muerte de su mamá. Cada una de las cartas era un dibujo hecho por un niño de primero, con dos o tres rayas escritas.

Una carta decía: «Querida Lorrie, estoy muy triste porque ha muerto tu mamá, pero supongo que es sólo abandonar el cuerpo físico y puede que sea simplemente el momento de abandonarlo. Te quiere, tal y cual». *(Sonrisas del público.)*

Lo que intento transmitir es que si los adultos fuéramos más sinceros y, en lugar de convertir el hecho de morir en una pesadilla tan espantosa, pudiéramos transmitir a los niños dónde estamos y cómo nos sentimos; si no tuviéramos vergüenza de llorar o de expresar nuestro enfado y nuestra rabia (si la tenemos), y si no intentáramos escudar a nuestros hijos ante las tormentas de la vida y las compartiéramos con ellos, entonces los niños de la próxima generación no tendrían un problema tan grave con la muerte y el hecho de morir.

El niño de San Diego

Si os sentáis con un niño y os interesáis por él, y si no os asustan sus respuestas, entonces él os lo contará casi todo sobre sí mismo.

Hace unos meses, entré en una panadería de San Diego, a comprar pan. Miré por la ventana del escaparate y vi a un niño muy chiquito sentado en la acera. Tenía un aspecto *muy* triste. Tuve que salir a sentarme con él.

Me quedé ahí sentada una media hora sin decir una palabra. No me acerqué mucho, porque sabía, aquí dentro *(indicando el cuadrante intuitivo)*, que si abordaba al niño demasiado rápido y pronto, saldría corriendo.

Al cabo de media hora, hablé, brevemente y con naturalidad, diciendo algo así como: «Es duro». Él dijo: «Sí». Al cabo de unos quince minutos, dije algo así como: «¿Tan mal?». Él dijo: «Sí, me voy a escapar de casa».

Al cabo de cinco minutos más, dije de nuevo: «¿Tan mal?». Y sin decir una sola palabra, el niño se levantó la camiseta y tenía todo el pecho —me quedé de piedra— todo el pecho cubierto de quemaduras de una plancha. Por delante y por detrás.

Todo esto fue lenguaje simbólico no verbal. Puedo estarme ahí sentada cuarenta y cinco minutos, como un cazador, y me intereso de verdad y me siento con ellos y les doy el espacio que necesitan para compartir conmigo.

La interpretación de los dibujos de los niños

Los niños mayores escriben poemas espontáneos, que es también el lenguaje del alma, o montan *collages* para transmitirte algo que no pueden decir con palabras. Si fuerais más sinceros —más como niños— y no entendierais lo que intentan transmitiros, podéis decir: «No entiendo. Explícamelo». Entonces ellos os lo explicarán.

Pero si os limitáis a mirar el *collage* y le decís: «¡Ay, qué bonito!» y pensáis que no es nada, entonces habréis perdido la oportunidad de entender lo que el niño quería deciros. Hace un tiempo, me trajeron el ejemplo más increíble de esto, un *collage*, de una muchacha de quince años.

Es el ejemplo más triste pero más práctico de lenguaje simbólico no verbal que he conocido. Quiero que lo veáis conmigo. Es un *collage*. Esta chica de quince años pidió a toda su familia que mirara su *collage*, y también se lo pidió a la asistente social. Nadie se interesó ni se tomó el tiempo necesario para mirarlo detenidamente. Y si alguna de estas personas lo hubiera mirado y hubiese entendido el lenguaje simbólico no verbal que expresaba en él, hoy esta muchacha estaría viva.

Después de pasarse dos semanas intentando mostrar el *collage* por todas partes, la muchacha se suicidó.

Después de suicidarse, la asistente social me envió su *collage*, diciéndome: «¿No le parece un ejemplo maravilloso?».

¿Entendéis que esto para mí es muy triste? Es tan triste que esta muchacha tuviera que morir para que la asistente social aprendiera a oír y a escuchar sus esfuerzos por compartir la angustia y la agonía que sentía.

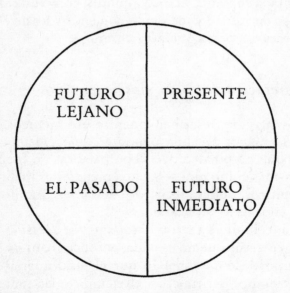

Los cuatro cuadrantes de un dibujo, según Jung.

Os señalaré algunos detalles de este *collage*.

Es muy fácil leer este *collage*. No hay que ser psiquiatra, no hay que «psicoanalizar» lo que se ve. Lo único que tenéis que hacer es simplemente mirarlo, sabiendo un par de cosas básicas. Entonces entenderéis lo mucho que todos, y quiero decir cada uno de los que estamos aquí, lo mucho que todos sabemos por dentro. Pero aquí arriba *(indicando la cabeza)*, sólo tenéis conocimientos o una conciencia limitada. Si queréis conectar con vuestro conocimiento interior, que está mucho más allá de cualquier cosa que podáis expresar con palabras, intentad conectar con esto y entonces también podréis escuchar a aquellas personas que necesitan realmente vuestra ayuda.

Si leéis este *collage* ahora, entenderéis que si alguien le hubiera dedicado cinco o diez minutos a esta muchacha, es probable que aún estuviera viva.

Según Jung —doy por supuesto que todos sabéis quién es—, hay que empezar a mirar este tipo de dibujos desde el cuadrante inferior izquierdo, que es el pasado. Y no lo psicoanalicéis. Leed simplemente lo que dice. Esta muchacha nos lo puso muy fácil. Hizo una combinación de lenguaje simbólico no verbal y palabras en un inglés simple y llano. Le puso palabras para asegurar que alguien pudiera entenderlo. Abajo de todo se lee: «Una niña que sufre necesita tu ayuda». Y se ve una imagen, y ¿qué muestra la imagen? Un océano. ¿Qué tipo de océano? ¿Es un océano agradable, atrayente? No, es un océano oscuro y aterrorizante, sin barcas salvavidas, sin faro. No hay dónde aferrarse. Es así como ella experimentaba visualmente su infancia. Como algo aterrorizante y muy, muy solitario.

Luego hay que pasar de ahí al cuadrante superior derecho, que es el presente, donde nos dice cómo se siente en el momento de confeccionar este *collage* y lo que más miedo le da del presente, del día en que hace el *collage*. Dice: «Estoy loca». Tiene miedo de volverse loca. Y después, más palabras, también grandes pero un poco menos (siempre se empieza por los dibujos más grandes o las letras más grandes y así hasta llegar a los más pequeños), que plantean la gran pregunta: «¿Por qué?». Y al lado: «Hazte amiga de mamá». ¿Cuál es la imagen más grande en el cuadrante del «presente»? Es una perra con sus cachorros. Una unidad familiar. La siguiente foto es de un bebé apretando con fuerza un muñeco contra el pecho. Luego está la imagen más pequeña de las tres. Es un mono haciendo monerías. ¿Qué significa un mono que hace monerías? Es como un payaso que hace payasadas para encubrir su tristeza. ¿Qué pueden deciros un mono o un payaso sobre la prognosis? Una persona que aún sea capaz de hacer monerías, todavía tiene una posibilidad, porque conserva el sentido del humor. Así que habría sido posible ayudarla.

Bien, ¿qué le sucederá la semana siguiente? El cuadrante inferior derecho es el futuro inmediato. ¿Y qué le sucederá en el futuro inmediato a esta muchacha de quince años? ¿Cuáles son sus palabras? «Lucha por ser libre.» Y luego: «Libre otra vez», y entonces: «Decisión difícil». ¿Y cuál es la imagen de su existencia tal como ella la anticipa para una semana después? Se ve un bosque donde una buena parte de los árboles ya han sido talados. En términos de prognosis: hay un atisbo de esperanza porque se ve unos árboles nuevos que brotan en primer plano. Pero ¿qué ha pasado con el mismo mono que una semana antes hacía monerías? ¿Qué hace ahora? Ha dejado de hacer monerías. Está paralizado. Está sentado ahí, entumecido, ha dejado de jugar.

Y ahora, pasemos al cuadrante superior izquierdo, que es el concepto que uno tiene de la muerte y de lo que se prevé para el futuro. Indica cómo, en su interior, desde su cuadrante espiritual e intuitivo, ella prevé el desenlace de su situación actual. ¿Y qué se ve? ¿Qué sabe ella de antemano? Es un hospital. ¿Y qué pasa en el hospital? Ha nacido un bebé. ¿Cómo ha sido el parto? Es un bebé que el médico sostiene cabeza abajo. ¿Cuándo se ponen los bebés cabeza abajo? Cuando no gritan, cuando no respiran. Ella ya sabía, cuando hizo este *collage*, que la encontrarían sin respirar y su esperanza era caer en manos de un médico competente que pudiera devolverle la respiración. Es así como se leen estos *collages*.

Si no es esto lo que está sucediendo, ¿cuál es la siguiente imagen grande? Un gato. ¿Qué significan los gatos? Siete vidas. Si un médico no puede devolverte la vida, quizá tengan razón aquellas personas que creen que tenemos más de una vida. Y si eso no es posible, ¿cuál es su última esperanza? ¡Fijaos, este *collage* lo dice todo! ¿Cuál es la última imagen? Es un faro. Si os fijáis, aquí en el cuadrante inferior izquierdo hay un océano sin faro. Aquí arriba está el faro que experimentan algunas personas: la luz al final del túnel. Es así como se leen estas imágenes.

Sería imposible encontrar un grito de auxilio más clásico que éste, y es fácil incluso ver dónde está el problema. Pero nadie lo vio, y ésa es la tragedia. Cuando la encontraron, estaba el *collage* al lado suyo, y no hace falta decir que la asistente social se sintió muy culpable de no haberle dedicado su tiempo, de no haberlo mirado y ayudado a la muchacha. Me lo enviaron a mí y me pidieron que prometiera enseñárselo a todos los adultos dondequiera que me escucharan. Y si os olvidáis del *collage*, no pasa nada, pero miradlo bien, y si alguna vez un adolescente padece sentimientos suicidas o desesperado y os enseña un *collage*, sentaos con él o con ella y preguntadle. Se alegrará mucho de que os interéseis lo bastante como para al menos preguntar.

Y es eso, esencialmente, lo que necesitamos aprender. A encontrar el tiempo para las cosas esenciales. Es esencial escuchar a nuestro prójimo y oír lo que nos quiere decir. Y también aprender a tener la humildad, cuando no entendáis lo que intentan comunicaros, para decirles: «No sé qué me estás diciendo. ¿Puedes repetírmelo de otra manera?». Y en cuanto os mostréis abiertos, encontraréis que no es ni de lejos tan difícil como habíais pensado.

Liz

Hace algún tiempo me llamaron para que atendiera a una niña de doce años que se estaba muriendo. Pudimos llevarla a su casa a morir. Yo llevo a todos mis niños a morir a casa, si es humanamente posible. Pero nunca los dejamos en su habitación, porque a menudo los dormitorios sirven para castigar a los niños. Me imagino que no debe de ser distinto aquí en Suecia. Supongo que todos recordaréis que cuando os portabais mal de pequeños, se os mandaba a vuestra habitación y no os dejaban salir hasta que os calmarais. Hay tantos niños que asocian su cuarto con prohibiciones, tabúes, castigos y aislamiento...

Por eso, ponemos a los niños en la sala de estar, en una cama grande para que puedan ver el bosque, el jardín, las nubes o las flores, los pájaros y la nieve.

Liz estaba en una cama en la sala de estar, muriéndose lenta, muy lentamente, de cáncer. La madre tenía una relación muy abierta con la niña. Pero el padre era incapaz de decir nada; era introvertido e incapaz de decir una sola palabra. Pero era capaz de *mostrarle* a ella su amor. Solía comprarle rosas rojas, se las traía a casa y las ponía sobre su mesa sin una palabra. Era una familia católica muy ortodoxa.

El padre insistía en que los demás niños (de seis, diez y once años) no supieran que la hermana se estaba muriendo. Yo no me lo creía. Al final, el padre me dio permiso para ver a los niños a solas después del colegio y pedirles que me hicieran un dibujo.

Hicieron sus dibujos y era muy evidente que lo sabían. Fue el niño de seis años quien empezó a pasar del lenguaje simbólico a un inglés simple y llano. Dijo: «Sí, se morirá muy pronto». Yo dije: «¿Sabes, Peter?, Liz morirá probablemente dentro de un par de días. Si tienes algún asunto pendiente con ella, hazlo ahora. Porque te sentirás muchísimo mejor si no lo dejas hasta que sea demasiado tarde». Entonces dijo él: «Bueno, se supone que tengo que decirle que la quiero». Yo dije: «¡No! No se supone que tienes que decirle "te quiero". Eso es una tontería. Es evidente que tienes muchos sentimientos negativos, por como lo dices».

Y al final estalló: «Sí. A veces me harto mucho de ella. Ojalá ya se hubiera muerto». Yo dije: «Sí, está tardando mucho. ¿Por qué estás tan impaciente?». El niño dijo: «Bueno, no puedo ver la tele, no puedo dar portazos, no puedo traer a mis amigos a casa». Cosas muy naturales para un niño de seis años. Yo estaba ahí, ayudándole a decir esas cosas.

Les dije que todos los niños tienen los mismos sentimientos que él, pero que sólo unos cuantos eran lo bastante valientes para reconocerlo. Estábamos ahí sentado, juntos, sintiendo el coraje de decir lo que teníamos ganas de decir. Y podéis estar seguros de que aquellos niños hablaron hasta quedarse satisfechos. Fue fantástico.

Al final, le dije al niño: «Me pregunto si tú vas a ser la única persona sincera que comparta esto con tu hermana». Pero él ya estaba contaminado por los adultos, así que dijo: «Estas cosas no hay que decirlas». Yo le respondí: «¿De verdad crees que si sientes y piensas estas cosas, tu hermana no lo sabe? ¡Qué maravilloso sería si lo pudieras compartir con ella, con amor! Y qué alivio para ella que alguien se mostrara realmente abierto y lleno de amor hacia ella».

Se lo planteé como un desafío y al final dijo que lo intentaría.

Entramos a la habitación. Ahí estaba la cama. El niño de seis años está junto a su hermana moribunda. Yo estoy detrás de él, preparada para darle un empujoncito si lo necesita. Detrás de mí, está el niño de diez años, luego el de once. Por la puerta aparece la madre, y detrás de la madre, el padre. ¡En orden cronológico! *(Risas del público.)*

El niño, por fin, después de aplazar un poco el momento, dijo: «A veces quiero rezar para que todo esto se acabe». Y en cuanto dijo eso, se desencadenó la experiencia terapéutica más hermosa que había tenido en mucho tiempo. Su hermana moribunda de doce años se puso a sollozar, y no paró de so-

37

llozar y de llorar. No eran lágrimas de dolor, sino de un gran alivio.

Y ella dijo: «Gracias, Dios. Gracias, Dios. Gracias, Dios. Gracias Dios. ¡Gracias Dios!».

Y entonces, cuando se recuperó de sus lágrimas, explicó por qué sentía aquel alivio tan grande. Dijo: «¿Sabes, Peter?, hace tres días y tres noches que rezo a Dios para que me lleve. Y cada vez que termino mi oración, entra mamá, se queda en la puerta y me dice que ha estado despierta toda la noche rezándole a Dios para que me deje vivir. Pero si tú me ayudas, Peter, podremos ganar a mamá». *(Risas del público.)*

Liz estaba tan contenta de que por fin podían dejar de fingir, y todos se abrazaron. Y entenderéis que el niño de seis años era el hombrecito más orgulloso de toda la ciudad, con aquella gran sonrisa llena de orgullo en su rostro. Y lo más hermoso fue que la madre estaba ahí, escuchando lo que decía su hija.

Con esto, se resolvió el problema más grande. Tanto los padres como los niños estaban preparados.

Pero Liz no podía morir. Por alguna razón, seguía aferrada a la vida. Tres días después, regresé a la casa. En términos médicos, era incomprensible que siguiera aguantando. Le dije a su madre: «Tendría que haber muerto hace una semana. Está preparada para ello, lo desea, pero no puede soltarse. Lo he intentado todo. Hay algo que le impide soltarse. Creo que hay algo que la asusta. Si te parece bien, voy a hacerle una sola pregunta directa. Pero quiero que vengas conmigo, para que no te inquietes por lo que pueda decir. Quiero que tú misma la escuches».

Dije: «Liz, no puedes morir, ¿verdad?». Y ella dijo: «No».

Yo pregunté: «¿Por qué?». Ella dijo: «Porque no puedo ir al cielo». Muy sorprendida, le pregunté: «¿Quién te ha dicho eso?».

El problema más grande con este tipo de consultas es que, cuando intentas ayudar a un ser humano, descubres que tienes que atacar a otro. Es muy difícil no hacerlo porque te encuentras con tanto charlatán, tanta basura, tantas tonterías aterrorizantes que les dicen a los pacientes moribundos —resumiendo, tanta negatividad—, que cuesta mucho no mostrarse negativo uno mismo.

Así que me contuve cuando le pregunté: «¿Quién te ha dicho eso?».

La niña me contó que los curas y las monjas y las hermanas que solían venir a verla le habían dicho muchas, muchísimas veces que nadie llega al cielo si no ama a Dios más que a nadie en el mundo. Con sus deditos delgados... —tenía los brazos como alfileres y la barriga como si estuviera embarazada de nueve meses— intentó incorporarse hacia mí y colgándose literalmente de mis hombros me susurró al oído para impedir que Dios la oyera: «¿Entiendes, doctora Ross, que yo amo a mi mamá y a mi papá más que a nadie en el mundo?». Yo estaba al borde de las lágrimas.

Es tan triste todo esto... Y la pregunta es: ¿Cómo se ayuda a una niña así? *Podríamos* decirle un montón de palabras bonitas, pero no servirían de nada. Se *podría* decir: «Si amas a mamá y a papá, también amas a Dios» o algo por el estilo, pero no serviría de nada. ¿Cómo se le ayuda a deshacerse de sus sentimientos de culpa?

Lo único que funciona es que uno mismo reconozca *su propia* negatividad. Se llama «el Hitler que habita en nosotros», cuando nos ponemos antipáticos, cuando somos críticos, cuando juzgamos, cuando etiquetamos a las personas, cuando no nos gustan los métodos de los demás.

Y yo estaba muy enfadada con ese cura que le hizo eso a Liz y con esas monjas y hermanas que utilizan el miedo y la culpa con los niños pequeños

Pero quiero que entendáis, era *mi* problema, no el problema de Liz.

Así que le dije: «No voy a meterme en una discusión sobre quién tiene razón y quién no. Yo sólo voy a hablarte como siempre lo hago».

Eso significa que yo ahora, por mi propio bien, tengo que irme a casa y examinar por qué me siento tan crítica. Podría esconderlo temporalmente en un cajón, pero tarde o temprano tendré que afrontarlo para que no interfiera con mi trabajo. *Porque no se puede hacer algo positivo por alguien en este mundo si se hace a costa de denigrar a otra persona.*

Entonces usé el lenguaje simbólico verbal. (Es un gran don poder usar este lenguaje.) Le dije a la niña: «Tú y yo hemos hablado muchas veces de la escuela. Eras una alumna que siempre sacaba sobresalientes. El sueño más grande de tu vida siempre ha sido ser maestra. Y la única vez desde que te conozco que te he visto hundida en la tristeza fue en septiembre, cuando empezó el curso escolar y llegó el autocar de la escuela y tú miraste por la ventana y viste a tus amigos y a tus hermanos subiéndose al autocar».

Un mes antes, le habían dicho a Liz que ya estaba curada, pero justo antes de que empezara el curso le habían descubierto la primera metástasis. Continué: «Y creo que por primera vez en tu vida, te diste cuenta de que nunca jamás volverías a subirte a ese autocar, que nunca jamás podrías volver a ir a tu amada escuela, que nunca serías una maestra».

Y ella dijo: «Sí».

Y proseguí: «Quiero que me respondas a una sola pregunta. A veces sucede que tu maestra os pone trabajos *muy* difíciles. ¿Les pone estos trabajos tan difíciles a sus peores alumnos? Quiero saber si les pone estos trabajos a los peores alumnos de la clase, o si se los pone a cualquiera de la clase. ¿O se los da sólo a unos pocos alumnos que ella elige y que son los mejores?».

Entonces se le iluminó el rostro —jamás he visto algo igual— y dijo: «Ah, nos los da sólo a *muy* pocos». Esta muchacha era una de las mejores alumnas de su clase y estaba muy orgullosa de ello. Y yo le dije: «Ya que Dios es también un maestro, ¿tú qué crees? ¿Te ha dado un trabajo difícil, o te ha dado un trabajo que podría haberle dado a cualquier niño de tu clase?».

Entonces, una vez más, en el lenguaje simbólico no verbal, ella bajó la vista para mirarse su pobre cuerpo devastado por la enfermedad, su barriga hinchada y sus delgadísimos brazos y piernas. Se miró el cuerpo como quien evalúa las pruebas de su vida. Entonces esbozó una sonrisa feliz y con gran seriedad me dijo: «Creo que Dios no podría darle un trabajo más duro a ningún otro niño».

Y no tuve que añadir: «Y ahora, ¿qué crees que piensa Él de ti?».

La última comunicación no verbal que tuve con Liz fue unos días después, cuando volví a su casa sobre todo para ver cómo seguían los demás niños.

La niña empezaba a caer en un estado semiconsciente. Me detuve en el umbral de la puerta, mirándola por última vez, para decirle adiós de manera silenciosa. De pronto, abrió los ojos, me reconoció y, una vez más, con un gesto a medio camino entre una gran mueca y una sonrisa feliz en el rostro, volvió a mirarse la barriga, como si dijera: «Entendí tu mensaje».

Es así como intentamos ayudar a los niños a terminar sus asuntos pendientes. Es muy fácil trabajar con pacientes moribundos. Es más fácil aún trabajar con niños moribundos, porque son menos complicados. Son muy directos. Y la belleza, la increíble belleza de los niños es que cuando metes la pata, ellos te lo hacen saber en seguida. Si te equivocas en algo, lo sabrás inmediatamente.

Intentamos enseñar el lenguaje simbólico no sólo a estudiantes de medicina, sino a seminaristas, a maestras y a enfermeras, para que aprendan a comprender mejor el lenguaje de aquellos que más necesitan su ayuda.

Las personas que tenéis hijos: escuchad, escuchad con atención a vuestros hijos y aprenderéis un lenguaje más importante que el esperanto, el inglés o el castellano o cualquier otra idioma universal, porque es el lenguaje de las personas necesitadas. Y a cambio de aprender este lenguaje, os brindarán regalos que ayudan a vivir con mayor plenitud.

Al escuchar a pacientes moribundos que han podido terminar sus asuntos pendientes, se descubre que por primera vez en su vida han aprendido lo que significa vivir con plenitud.

Dougy

Hace unos años estaba dando una conferencia en Virginia. Tal vez no lo sepáis, pero detesto dar conferencias. Es terrible subirse a un escenario, día tras día, para decir básicamente las mismas cosas. Y en aquellos tiempos, solía dar conferencias de nueve de la mañana a cinco de la tarde. Así que necesitaba combustible. Mi combustible era *leer* al público, buscando entre los asistentes a alguien interesante, y luego adivinar quiénes eran y qué hacían. Es... es un juego que me gusta.

Aquel día en concreto, recorría al público con la mirada diciéndome: «Tendrás que hablar con este grupo todo el día». En la primera fila estaba sentada una pareja. En cuanto los vi, tuve un impulso muy intenso —que, como sabéis, no proviene del cuadrante intelectual sino del cuadrante intuitivo, espiritual— de preguntarles por qué demonios no habían traído a su hijo a mi conferencia.

Bueno *(se ríe un poco)*, supongo que una psiquiatra normal no haría eso. Creo que no se hace en ninguna parte. *(Risas del público.)* Quiero decir, no se dice una cosa así desde el escenario cuando se está dando una conferencia. Tuve que hacer un gran esfuerzo de autocontrol para no plantearles esa pregunta. Si lo hubiera hecho, la gente, naturalmente, habría dicho que estaba loca. Pero por otro lado, la opinión que puedan tener los demás de mí es problema suyo, no mío, ¿verdad?

Pero al poco rato (muy poco rato, en realidad), hice una

pausa y me acerqué a la pareja. Eran personas muy con los pies en la tierra, normales. Formulé mi pregunta de una manera socialmente aceptable, diciendo: «No sé por qué necesito deciros esto, pero algo me impulsa a preguntaros por qué no habéis traído a vuestro hijo».

Y no se rieron de mí. Simplemente me miraron y respondieron: «Es interesante que nos digas eso, porque esta mañana hemos estado discutiendo si traerlo o no, pero el problema es que hoy es su día de quimioterapia».

Como veis, su respuesta era una confirmación. Sí, tenían un hijo, era un niño, tenía cáncer y seguía un tratamiento de quimioterapia. Les dije: «No sé por qué os estoy diciendo esto, pero es muy urgente que él esté aquí».

Ellos conocían el amor incondicional y por eso el padre salió durante la pausa. Alrededor de las once de la mañana, volvió con su encantador hijo de nueve años. Un niño con los ojos muy abiertos, muy pálido y totalmente calvo por el tratamiento. Se sentaron juntos en la primera fila. El muchacho escuchaba absorto cada una de mis palabras.

Y el padre le dio una caja de lápices de cera y una hoja de papel. Para que se estuviera quieto, debía pensar *él*. Para *mí*, era una manipulación divina, no era casualidad.

A las doce, durante la pausa para comer —el consabido plato de pollo que me toca cinco veces a la semana, así que aquel día decidí saltármelo *(risas del público)*—, se me acercó el chico con su dibujo y me dijo: «Doctora Ross, es un regalo para usted». Le di las gracias y lo miré, y... Soy traductora, traducir es mi principal trabajo, así que miré su dibujo y sin pensar (el pequeño no había estado en la reunión mientras les hablaba de los dibujos), le dije: «¿Se lo contamos a ellos?».

En seguida supo de qué le hablaba. Miró a sus padres y dijo: «Sí, creo que sí». Yo le pregunté: «¿Todo?». Él los volvió a mirar y dijo: «Sí, creo que podrán entenderlo».

Los niños de nueve años que tienen una enfermedad terminal son almas viejas y sabias. Todos los niños son almas muy ancianas y sabias si han sufrido, si su cuadrante físico se ha deteriorado antes de la adolescencia. Dios creó al hombre de manera tan milagrosa que el cuadrante espiritual, que normalmente no emerge hasta la adolescencia, empieza a surgir prematuramente para compensar la pérdida de las capacidades físicas. Por eso, los niños moribundos son almas muy ancianas y sabias, si lo entendéis de forma simbólica. Son mucho más sabios que los niños que son sanos y se han criado en un invernadero. Por eso, les decimos siempre a los padres: «¡No protejáis a vuestros hijos! Compartid con ellos vuestra angustia y vuestro dolor. Si no, estarán de alguna manera incapacitados. Porque tarde o temprano, las plantas tienen que salir del invernadero y entonces no podrán soportar el frío y los vientos».

Así que miré su dibujo y, normalmente, cuando sólo puedo estar en una ciudad una noche, no me gusta iniciar algo o herir a alguien y luego no estar disponible al día siguiente. Así que siempre intento estar muy segura de lo que hago. Y en este caso, no me fiaba de la madre. Me parecía una persona muy vulnerable. Por eso volví a preguntarle al muchacho: «¿Se lo contamos todo?». Sabéis a qué me refería, ¿verdad? «¿Le leo tu dibujo a tus padres?»

Él los volvió a mirar y dijo: «Sí, creo que lo entenderán». Yo seguía sin fiarme de la madre, así que le pregunté a ella: «¿Qué es lo que más temes?». Ella se echó a llorar y dijo: «Nos acaban de decir que le quedan tres meses de vida».

Miré el dibujo de Dougy y dije: «¿Tres meses? No. Imposible. No hay manera. Tres años quizá. Pero es imposible que sólo le queden tres meses».

Ella me abrazó y me besó y me dio las gracias. Le dije: «No hagas eso. Yo soy una traductora y una catalizadora. Es vuestro hijo quien sabe estas cosas. Yo sólo traduzco su saber interior. Yo no soy responsable de haberos dado tres años de la vida de vuestro hijo».

Nos hicimos amigos en seguida. Durante las conferencias de la tarde, lo observé como un halcón. Hacia las cinco menos cuarto, empezó a adormilarse. Interrumpí la charla porque *yo* quería despedirme de él. Lo último que le dije fue: «Dougy, no puedo venir muy a menudo a Virginia a hacer visitas a domicilio. Pero si me necesitas, lo único que tienes que hacer es escribirme. Y como siempre voy atrasada unas mil cartas, escribe el sobre tú mismo. Es que las cartas de los niños siempre son mi prioridad número uno. Y para estar bien seguro, ponle "personal"». Y le deletreé la palabra.

Normalmente, sólo estoy en casa un día a la semana y la mayoría de las veces sólo me da tiempo de mirar las cartas de los niños. Los adultos se han aprovechado de esto. Hay quien imita la letra de un niño al escribir mi dirección en el sobre. Si eso lo hace algún adulto, me niego a contestar su carta porque se está aprovechando de mi confianza y, al final, sólo despertaría negatividad.

En fin, esperé y esperé y no llegaban sus cartas, y ya sabéis cómo es cuando empieza a interferir la cabeza. Dije: «Dios mío, imagínate que haya muerto, yo les di falsas esperanzas a sus padres, yo...». Bueno, toda una obsesión. Y cuanto más te obsesionas, más preocupado y negativo te vuelves. Pero un día decidí: «Es ridículo. Mi intuición es *muy* certera y muchas veces mi cabeza no es *nada* certera. ¡Así que olvídate de tus preocupaciones!».

Y al día siguiente de haberme despreocupado del problema, recibí una carta de Dougy. Era la carta más preciosa que he recibido en los veinte años que llevo trabajando con pacientes moribundos. Eran dos líneas: «Querida doctora Ross, me queda sólo una pregunta más. ¿Qué es la vida y qué es la muerte y por qué los niños tienen que morir? Cariños de Dougy».

¿Entendéis por qué siempre estaré a favor de los niños? Van directos al grano. *(Risas.)* Así que le escribí una carta, aunque, como comprenderéis, no podía escribirle cosas grandilocuentes. Tenía que escribirle como él me había escrito a mí.

Así que le pedí prestado a mi hija sus maravillosos rotuladores de veintiocho colores, colores preciosos, y plegué una

45

hoja y luego plegué otra, y al final quedó como un librito todo escrito con los colores del arco iris, cada letra de un color diferente. Era muy bonito, pero todavía no estaba acabado, así que me puse a ilustrarlo. Y luego quedó listo para enviar.

Pero entonces tuve un problema. Me gustó. *(Risas del público.)* La verdad es que me gustó tanto que quise quedármelo, y en seguida intervino mi mente con la intención de echarme una mano. Veréis, después de la muerte se comprende que la meta más alta en la vida es elegir siempre la alternativa superior. Guardarme la carta no habría sido mi alternativa superior, pero intervino mi mente para echarme una mano y me dijo: «Tienes derecho a quedártelo. Lo usarás para tus visitas a domicilio con niños moribundos. Ayudarás a los hermanos y las hermanas de este niño moribundo». Y cuanto más largas se hacían las excusas, más convencida estaba de que debía darme prisa en llegar a la estafeta de correos.

Así que, por fin me dije a mí misma: «No. No esperaré veinticuatro horas para poderlo copiar. Lo voy a enviar ahora mismo, porque si se muere ahora y la carta llega demasiado tarde, me sentiré fatal. Y la verdad es que lo he hecho para él, no para mí».

Me desprendí de la carta y la envié.

Las recompensas siempre nos vuelven multiplicadas por mil, si escogemos la alternativa superior. Porque al cabo de unos meses —fue el pasado marzo— él me llamó desde Virginia a California y me dijo: «Te quería dar un regalo por mi cumpleaños». Y me contó que le había mostrado mi carta a muchos padres de niños moribundos, y que todos querían una copia, y que por eso había decidido darme permiso para imprimirlo, para que pudieran conocerlo otros niños.

Lo hemos impreso y se llama *La carta de Dougy*.

Ahora quiero contaros un ejemplo de lo espantoso que puede ser no conducirse con sinceridad. Aunque las motivaciones sean buenas, tarde o temprano os traerá problemas. Hace unos meses, me pidieron que participara en un programa de entrevistas en televisión. Es un programa muy famoso en la ciudad de Nueva York, donde puedes hablar durante tres minutos ante diez millones de personas y no puedes decir una sola cosa importante porque dispones de muy poco tiempo. Te hacen una pregunta y tú la respondes y luego se acabó. Siempre me he preguntado por qué lo hace la gente. Pero yo también lo hice.

Y en lugar de pedirme que en tres minutos dijera algo que fuera significativo, me preguntaron por la niña de cinco años que aparece en mi libro *Vivir hasta despedirnos*. Al día siguiente, recibí una carta de Dougy, muy enfadado. En ella me decía: «No te entiendo. ¿Por qué tuviste que hablar de Jamie? ¿Por qué no podías hablar de mí? Porque si toda esa gente hubiera comprado una *Carta de Dougy*, yo podría volver a ver a mi papá».

Al igual que la mayoría de los norteamericanos, su papá tiene deudas médicas y hospitalarias hasta por 200.000 dólares. Y para pagar esas facturas, trabaja de noche y además tiene dos trabajos de día y ha conseguido un empleo de fin de semana. Apenas tiene tiempo de ver a su hijo.

Creo que aquí en Suecia no estáis muy al corriente del tipo de problemas que van asociados a las enfermedades terminales. Veréis, cometí un gran error, porque cuando esta familia no tenía dinero suficiente para comer, les envié un talón. Y para que no pareciera caridad, cometí el error de escribir en el talón: «por derechos de autor». Hice que creyeran que provenía de las ventas de *La carta de Dougy*. Y ahora el pobre muchacho esperaba recibir un talón igual cada seis meses. Y yo tengo un problema gordo. *(Risas del público.)*

Así que todos los pacientes con los que trabajamos nos están enseñando algo, y no siempre tiene que ver con la muerte y el morir, sino con la vida y el vivir.

El sentido del sufrimiento

Los pacientes moribundos nos enseñan cosas sobre las etapas del morir cuando les dedicamos nuestro tiempo y nos sentamos con ellos. Cuando uno sabe que va a morir pronto, pasa por las fases de negación y enfado, la etapa del «¿Por qué yo?» y luego cuestiona a Dios y lo rechaza durante un tiempo. Negociará con Él, y padecerá unas depresiones espantosas.

¿Qué sentido tiene la esperanza para el enfermo cuando se está muriendo? Cuando le dicen que tiene una enfermedad terminal, lo primero que siempre piensa es: «Bah, no es cierto, debe ser un error». Luego tiene la esperanza de que su enfermedad se pueda operar o curar. Si no es así, entonces tiene la esperanza de que la quimioterapia o la visualización o lo que sea elimine sus síntomas y que pronto estará en forma y relativamente sano. Luego el paciente reconoce que por mucho que ingiera un fármaco experimental, su estado no hace más que empeorar para luego reponerse y luego sentirse mal de nuevo. Sube y baja. ¿Se rinde en algún momento? ¡No! No se rinde en ningún momento. Sea lo que sea lo que le suceda durante sus altibajos, todas las experiencias que tienen todos los seres humanos del mundo tienen un propósito. Pues os enseñan cosas específicas que no aprenderíais de otra manera. Y Dios no os somete a más pruebas de las que necesitáis.

Cuando se supera con éxito una prueba, quizá todo vaya bien durante un tiempo hasta que surge algo nuevo. Nos quedamos ciegos, o volvemos a tener diarrea, o nos coge esto o lo otro. Todos podemos descubrir lo que hay detrás de todo esto. Y volvemos a luchar, si somos luchadores y, si somos personas que nos resignamos con facilidad, entonces nos resignamos más fácilmente, pero el problema no desaparece. Es entonces cuando se puede encontrar detrás del sufrimiento la lección que se debe aprender.

Si el enfermo tiene a otro ser humano que le quiere, quizá pueda alcanzar una etapa de aceptación.

Pero eso no es típico únicamente del morir. En realidad, no tiene nada que ver con el morir. Sólo lo llamamos «etapas del morir» por falta de una palabra mejor. Si os abandona vuestro novio o vuestra novia, si perdéis vuestro trabajo, o si os obligan a mudaros de vuestra casa donde habéis vivido los últimos cincuenta años y os llevan a una residencia de ancianos, y aunque sólo hayáis perdido un periquito o vuestras lentes de contacto, es posible que paséis por las mismas etapas del morir.

Esto, creo yo, es el sentido del sufrimiento: todas las dificultades que se afrontan en la vida, todas las pruebas y las aflicciones, todas las pesadillas y todas las pérdidas son consideradas por la mayoría de las personas como maldiciones, castigos de Dios, algo negativo. ¡Ojalá pudierais daros cuenta de que nada de lo que os sucede es negativo! Y digo nada. Todas las pruebas y las aflicciones y las pérdidas más grandes que experimentéis jamás, cosas que os impulsen a decir: «Si lo hubiera sabido antes, no habría sobrevivido», son regalos. Es como alguien que tiene que... *(dirigiéndose al público)* ¿Cómo se llama cuando se convierte el hierro caliente en herramienta? Hay que templar el hierro.

Cada dificultad es una oportunidad que se os brinda, una oportunidad para crecer. Crecer es el único propósito de la existencia en este planeta Tierra. No podréis crecer si os sentáis en un hermoso jardín de flores y alguien os trae una comida sabrosa sobre una fuente de plata. Creceréis si estáis enfermos, si sentís dolor, si experimentáis pérdidas pero no metéis la cabeza en la arena, reconociendo el dolor y aprendiendo a aceptarlo, no como una maldición o un castigo, sino como un regalo que os ha sido concedido con un propósito muy específico.

A continuación, os daré un ejemplo clínico de lo que acabo de decir. En uno de mis talleres semanales —son retiros en los que se convive durante una semana— había una mujer joven. Ella no tenía que afrontar la muerte de un hijo, sino que experimentaba lo que denominamos «pequeñas muertes», aunque desde su punto de vista no fueran muy pequeñas. Cuando dio a luz a su segunda hija, que ella esperaba con gran ilusión, le dijeron de una manera muy poco humana que la niña había nacido con un retraso mental profundo. De hecho, le dijeron que la niña jamás podría reconocerla como madre. Al darse cuenta de las implicaciones de todo ello, su marido la abandonó. De pronto, tuvo que afrontar una situación muy difícil. Tenía dos hijos muy pequeños, muy necesitados y muy dependientes, y no tenía dinero, ni ingresos ni ayuda.

Pasó por una etapa de negación durísima. No podía ni siquiera decir la palabra «retraso».

Después de eso, pasó por una fase de ira muy intensa contra Dios y lo rechazó entre maldiciones. Al principio, Él no existía. Luego, era un viejo hijo de... ya sabéis qué. Después de eso, pasó por una etapa de tremendas negociaciones: si la niña al menos fuera educable, o si al menos pudiera reconocerla como madre... Y por fin, le encontró un sentido genuino al hecho de haber tenido esta hija. Quisiera compartir con vosotros la historia de cómo resolvió su problema. De pronto se le empezó a ocurrir que nada en la vida es una coincidencia. Se esforzó en mirar a esa niña, intentando discernir el propósito que pudiera tener un pequeño ser humano en estado vegetativo en esta Tierra. Al final encontró la solución, y voy a compartirla con vosotros en la forma de un poema que escribió ella. Esta mujer no es poeta, pero de todos modos es muy conmovedor. En el poema, ella se identifica con su hija que habla con su madrina. Titula el poema «A mi madrina».

A MI MADRINA

¿Qué es una madrina?
Sé que eres muy especial.
Has esperado muchos meses mi llegada.
Tú estabas ahí y me viste cuando sólo tenía unos minutos de vida,

y me cambiaste los pañales cuando llevaba ahí sólo unos días.
Tenías sueños para tu primera ahijada.
Sería precoz como tu hermana.
La verías ir a la escuela, a la universidad y al matrimonio.
¿Cómo saldría? ¿Sería un honor para quienes me han
    tenido?
Dios tenía otros planes para mí. Yo soy sólo yo.
Nadie ha usado nunca la palabra precoz para referirse a mí.
Algo no ha encajado bien en mi mente.
Seré hija de Dios para todos los tiempos.
Soy feliz. Amo a todos y ellos me aman a mí.
Son pocas las palabras que puedo decir,
pero sé comunicar y comprender el afecto, el calor, la
    suavidad y el amor.
En mi vida hay personas especiales.
    A veces me siento y sonrío, y otras veces lloro.
    Me pregunto por qué.
    Soy feliz y mis amigos especiales me aman.
    ¿Qué más podría pedir?
Sí, claro, nunca iré a la universidad, ni me casaré.
Pero no estés triste. Dios me hizo muy especial.
No puedo sufrir. Sólo amar.
Y quizá Dios necesite algunos niños que sólo puedan amar.
¿Te acuerdas de cuando me bautizaron?
Tú me sostenías, deseando que no llorara y no me
    cayera.
No sucedió ni lo uno ni lo otro y fue un día muy feliz.
¿Es por eso que eres mi madrina?
Yo sé que eres suave y cálida, que me das tu amor,
    pero hay algo muy especial en tus ojos.
Veo tu mirada y siento ese amor en otras personas.
Debo ser especial para tener tantas madres.
No, nunca seré un éxito a los ojos del mundo.
Pero te prometo algo que muy pocos pueden prometer.
Ya que lo único que conozco es amor, bondad e inocencia,
la eternidad será nuestra, madrina mía, para compartir.

Ésta es la misma madre que, unos meses antes, estaba dispuesta a dejar a su hija gateando junto a la piscina mientras ella iba a la cocina, para que la niña cayera dentro y se ahogara. Esta madre ha experimentado un cambio impresionante.

Esto ocurre en todas las personas si están dispuestas a mirar lo que sucede en su vida desde ambos lados. Nunca hay un solo lado. Quizá alguien padezca una enfermedad terminal, quizá sienta mucho dolor, quizá no encuentre con quién hablar de ello. Quizá piense que no es justo que se lo lleven cuando está en la flor de la vida, que en realidad todavía no ha empezado a vivir. Entonces, si mira la otra cara de la moneda, de pronto verá que es una de las pocas personas afortunadas que tiene la oportunidad de deshacerse de todas las tonterías con las que ha cargado toda su vida.

Cuando lo haya hecho, podrá acercarse a alguien para decirle «Te amo» cuando todavía pueda escucharle, y luego saltarse los elogios edulcorados. Y como sabe que estará aquí muy poco tiempo, por fin podrá hacer las cosas que de verdad quiere hacer. ¿Cuántas personas en esta sala estáis haciendo exactamente lo que más os gusta? ¿Quiero decir, vivir con *toda* plenitud? *(Muy pocas manos.)* ¿Cuántas no? *(Más manos.)* ¿Cambiaríais de trabajo el lunes? *(Risas.)*

Es muy importante que sólo hagáis lo que más os gusta. Quizá seáis pobres o paséis hambre, quizá perdáis el coche o tengáis que mudaros a una casa en mal estado, pero viviréis con *toda* plenitud. Y al final de vuestros días, bendeciréis vuestra vida porque habréis hecho lo que habéis venido a hacer. De otro modo, viviréis como una prostituta y haréis cosas por una sola razón: para complacer a los demás. No habréis vivido. Y no tendréis una muerte placentera.

Si, en cambio, escucháis vuestra propia voz interior, vuestra propia sabiduría interior, que es mucho mayor que la de cualquier otra persona en lo que a vosotros concierne, no os equivocaréis y sabréis qué hacer con vuestra vida. Entonces el tiempo ya no será relevante.

La lección más difícil que hay que aprender es el amor incondicional. Y eso es muy difícil de aprender. Virginia Satir,
que algunos tal vez conozcáis, describe de manera muy hermosa eso que llamamos el amor incondicional. Ella dice:

> *Te quiero amar sin aferrarme,*
> *apreciarte sin juzgar,*
> *unirme a ti sin invadirte,*
> *invitarte sin exigir,*
> *abandonarte sin culpa,*
> *examinarte sin culpar*
> *y ayudarte sin insultar.*
> *Si puedo recibir lo mismo de ti,*
> *entonces podremos encontrarnos*
> *y enriquecernos de verdad.*

Estocolmo, 1980

El capullo y la mariposa

La primera vez que estuve aquí en Suecia fue en 1947. Desde entonces, han cambiado muchas cosas. Si alguien me hubiera contado en 1947 que hoy estaría haciendo esto, no sé si habría tenido el coraje para ponerme en marcha.

Hace dos días estuve en Duisburg, y fui recibida por un grupo de personas que portaban grandes carteles alusivos a las amenazas de bomba y a las máquinas detectoras de bombas. Me pregunté por qué la gente se siente tan amenazada por alguien que trabaja con niños moribundos.

Os hablaré muy brevemente como psiquiatra para ayudaros a comprender las principales lecciones que hemos aprendido en nuestro trabajo con pacientes moribundos. Los pacientes moribundos no sólo nos enseñan sobre el morir, sino también lo que podemos aprender sobre cómo vivir de tal manera que no nos queden asuntos pendientes.

Las personas que han vivido con plenitud no tendrán miedo ni de vivir ni de morir. Y vivir con plenitud significa que no se tienen asuntos pendientes, y eso significa, a su vez, que hay que criarse como muy pocos nos hemos criado y hemos criado a nuestros hijos. Estoy segura de que si tuviéramos una generación de niños criados de manera natural, igual que nos criamos nosotros, no necesitaríamos escribir libros sobre la muerte y el morir, ni celebrar seminarios ni tener esos espantosos problemas con un millón de niños desaparecidos y miles más que mueren prematuramente por suicidio y homicidio.

Los cuatro cuadrantes

Cada ser humano se compone de cuatro cuadrantes: el cuadrante físico, emocional, intelectual y espiritual/intuitivo.

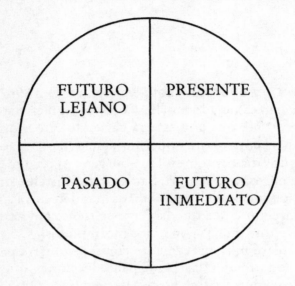

Los cuatro cuadrantes

Al nacer, somos seres humanos exclusivamente *físicos*, y para crecer de manera natural, sin tener miedo de vivir ni de morir, necesitamos que nos amen mucho durante el primer año de vida, que nos abracen y toquen. Necesitamos mucho contacto físico. Luego, al final de nuestra vida, cuando somos ancianos, abuelitas o abuelitos viviendo en residencias de ancianos, vuelve a faltarnos ese aspecto de nuestra vida, pues nadie nos toca, ni nos ama ni nos abraza lo suficiente. En nuestra sociedad, las únicas personas que suelen darnos plenamente su amor incondicional son las personas más ancianas: nuestras abuelas y abuelos.

En una sociedad donde cada generación vive sola —los ancianos en residencias, los enfermos en hospitales, los niños en la escuela—, la mayoría de niños no gozan de ese aspecto de su crecimiento. Y eso, en los niños, conlleva los primeros problemas en su cuadrante *emocional* (entre las edades de uno y seis años), pues es entonces cuando se desarrollan todas las actitudes básicas que los marcarán para toda la vida.

Nuestros niños necesitan crecer con un amor incondicional y una disciplina firme y coherente, pero sin castigos. Eso suena fácil, pero no lo es. Es posible estar en desacuerdo con su comportamiento y todavía amarlos. Si sois capaces de hacer eso, los niños desarrollarán un cuadrante *intelectual* muy hermoso alrededor de los seis años de edad; les encantará aprender, e ir a la escuela será un desafío, no una amenaza.

Mi gran sueño antes de morir es crear centros de E.T. Se trata de convertir las residencias de ancianos en centros de E.T. ¿Hay alguien aquí que no haya visto la película *E.T.*?

Los centros de E.T. son hogares para ancianos y niños en edad de gateo. Nos saltamos una generación. No habrá problemas. Los ancianos que han contribuido a la sociedad durante siete décadas tienen derecho a tener su propio hogar —un lugar bonito, íntimo, con sus propios muebles—, y ellos vivirían en la primera planta. Y lo único que tendrían que pagar por ello sería cuidar de un niño y mimarlo a más no poder. Tendrían que elegir al niño que más les gustara de entre los hijos de padres que trabajan. Los padres los traerían a la casa por la mañana cuando fueran a trabajar y los recogerían al final del día.

El regalo que se brindarían unos a otros sería de beneficio mutuo. Los ancianos podrían sentir cómo los tocan. A los niños pequeños les encantan los rostros arrugados. Incluso les gustan los granos. Los tocan como si fueran teclas de un piano. *(Risas del público.)* Y los ancianos necesitan más abrazos y caricias y besos, sobre todo de los niños. Los niños en los primeros años de su vida aprenderían el amor total, incondicional. Cuando se ha vivido con amor incondicional en los primeros años de la vida, las personas son capaces de afrontarlo todo por muy mal que se pongan las cosas más tarde. Si se ha experimentado el amor incondicional una vez, éste durará toda la vida. No tiene que ser del padre o de la madre, que tal vez no sean capaces de darlo porque ellos mismos jamás lo han recibido. Éste es mi sueño para un centro de ancianos y niños.

En la adolescencia, se desarrolla de forma natural el cuadrante *espiritual, intuitivo*. Así sería, normal y naturalmente, si se nos permitiera una evolución natural, un crecimiento sin interferencias. El cuadrante espiritual, intuitivo es aquella parte del ser que alberga todo el conocimiento. Es el único cuadrante en el ser humano por el que no tenemos que esforzarnos, porque nacemos con él. Además, se nos brinda un regalo: si perdemos algo, siempre recibimos algo a cambio que es mejor que lo que hemos perdido. En niños que mueren de leucemia o que sufren un tumor cerebral en la médula oblonga, por ejemplo, el cuadrante físico se deteriora. El regalo que reciben a cambio —y los mayores no lo apreciamos suficientemente— es que empieza a emerger su cuadrante espiritual, algunas veces ya a la edad de tres, cuatro o cinco años. Cuanto más tiempo sufran y cuanto más sufran, más pronto evolucionarán. Su aspecto será el de un niño diminuto —mucho más joven que su edad cronológica—, pero su cuadrante espiritual está tan abierto que hablan como personas ancianas y sabias.

Estos niños vienen al mundo para ser nuestros maestros. Si no los escuchamos, si fingimos que son demasiado jóvenes para saber qué es morir, o si los engañamos con juegos, entonces seremos *nosotros* los perdedores, no los niños.

El problema estriba en que muy pocos somos plenamente intuitivos, la mayoría no nos escuchamos a nosotros mismos, sino que escuchamos a otros para que nos digan lo que hay que hacer. Y esto es así porque a la mayoría nos han criado con amor condicional. Si os han criado con actitudes como «Te amo si traes buenas notas a casa», «Te amo si acabas bien el instituto», «Dios mío, cómo te amaría si pudiera decir: mi hijo, el médico», entonces os han criado con la creencia de que es posible comprar el amor, de que vuestros padres os amarán si sois lo que ellos quieren que seáis. Y acabáis convertidos en prostitutas. *(Risas dispersas del público.)* La prostitución es el problema más grande que hay en este mundo a causa de una sola palabra: «sí». Hay millones de personas que harían cualquier cosa, lo que sea, para saber con seguridad que sus padres los aman. Andan buscando toda la vida como quien va de compras, buscando comprar amor y nunca lo encuentran. Porque el amor verdadero no se puede comprar. Y ellos son los que veo en su lecho de muerte, diciéndome muy tristes: «Me he ganado bien la vida, pero nunca he vivido de verdad». Entonces, al preguntarles: «¿Qué significa para ti vivir de verdad?», ellos dicen: «Bueno, he tenido mucho éxito como abogado, o he tenido mucho éxito como médico, pero en realidad yo quería ser carpintero».

Cuando se trabaja con pacientes moribundos, primero hay que ocuparse exclusivamente de sus necesidades físicas, de su cuadrante físico. En primer lugar y ante todo, habrá que conseguir que los pacientes queden libres de dolor. El bienestar físico y la ausencia de dolor vienen mucho antes de cualquier apoyo emocional, antes de cualquier ayuda espiritual, antes de cualquier otra cosa. No se puede ayudar emocional o espiritualmente a un paciente moribundo si éste se está subiendo por las paredes de dolor o si, por otro lado, se le administran inyecciones contra el dolor que lo dejan tan atontado y sedado que ya no es capaz de comunicarse.

Por eso les damos a nuestros pacientes un cóctel analgésico oral que se les administra antes de que sientan dolor. Se lo vamos dando regularmente, para que estén siempre libres de dolor y conscientes en todo momento hasta que mueran. Todo esto es un requisito para el apoyo emocional.

Cuando logran un bienestar físico, cuando están libres de dolor, cuando no están solos, cuando están sobrios y capaces de comunicarse, entonces se pasa al cuadrante emocional.

Pero ¿cómo comunicarse con un paciente afectado de una

enfermedad terminal que, además, no puede decir una sola palabra? ¿Cómo comunicarse con un paciente que padece una esclerosis lateral amiotrófica o que ha sufrido una apoplejía y está completamente paralizado? ¿Cómo saber, por ejemplo, que desea que le rasques la espalda? No sois telépatas —muy pocas personas lo son— así que, ¿cómo comunicarse con él? Pues, fabricáis un tablero en el que figuren todas las letras del alfabeto, una lista de todas las personas importantes para él, una lista de todas las partes del cuerpo, y luego una lista de todas las necesidades fisiológicas importantes. Incluso un niño de diez años puede usar las listas, y el paciente puede decir «Jrrr» cuando el muchacho señale la palabra o letra correcta.

Este tablero es un regalo divino para los pacientes afectados de esclerosis lateral amiotrófica. No resulta tan útil para pacientes que han padecido una apoplejía porque muchos no comprenden la palabra escrita. Para estos pacientes, habrá que confeccionar un tablero con imágenes.

Es importante que conozcáis el tablero porque si un paciente es inteligente y tiene que estar postrado durante cuatro años y no puede comunicarse con vosotros de ninguna manera, al poco tiempo empezaréis a tratarlo como si fuera sordomudo porque no emite respuestas. Y cuando las personas que rodean a un paciente desconectan de él, es una de las peores muertes que se puede experimentar.

Hace unos años llevé a cabo una consulta solicitada por la esposa de un hombre de edad mediana que se había quedado paralizado sin poder hablar hacía cuatro años.

Cuando vi al paciente, era un hombre muy devastado que vivía siempre postrado, de espaldas. Tenía dos hijos pequeños y una mujer *muy* fatigada. Y lo único que ese hombre podía expresar era un pánico profundo.

Usé un tablero y le pregunté por qué sentía tanto pánico y él respondió que su mujer intentaba deshacerse de él. Yo le dije: «¿Intenta deshacerse de ti? ¡Pero si te ha estado cuidando durante cuatro años, día y noche, veinticuatro horas al día!». Él respondió: «Sí. Por eso intenta deshacerse de mí. No aguanta más y ha hecho gestiones para enviarme a un hospital». Este hombre temía que en las últimas semanas de su vida, ella lo enviara a un hospital, y él conocía suficientemente los hospitales como para saber que le conectarían a un respirador.

Dijo que durante cuatro años había visto crecer a sus hijos, y que era capaz de afrontar su enfermedad. Y ahora, en las últimas semanas de su vida, dijo, su mujer no aguantaba más y quería que lo ingresaran en el hospital. Él le rogaba que por favor aguantara un par de semanas más y le prometía morir pronto, para que no fuera una carga tan grande para ella.

Yo le pregunté a ella, delante mismo del paciente y de los niños, si era verdad, y ella confirmó que había hecho gestiones para que lo ingresaran en el hospital porque había llegado al límite de sus fuerzas. Cualquiera que haya cuidado de un paciente veinticuatro horas al día, sabe que ningún ser humano puede hacerlo durante cuatro años. Y le pregunté a ella qué necesitaría para poder resistir unas semanas más. Porque si un paciente que *no* es neurótico te dice que sólo le quedan un par de semanas de vida, ¡entonces hay que escucharlo!

Y ella dijo, para abreviar esta larga historia, que necesitaba un hombre. Y yo le pregunté si era tan difícil vivir sin un hombre. Y ella dijo que no, que se había acostumbrado a no tener un marido, pero que la razón por la que necesitaba un hombre era que necesitaba una persona fuerte que pudiera ocuparse del turno de noche, de 8 de la tarde a 8 de la mañana, para que ella pudiera dormir una noche entera. Pienso que cualquiera de vosotros que haya tenido un hijo enfermo sabe que se trata de una petición muy razonable.`

Creo que no hay coincidencias en la vida las llamo «manipulaciones divinas». Yo había hecho esta visita a domicilio la noche antes de iniciar un taller de cinco días y le dije a la mujer: «¿sabes?, estoy segura de que estoy aquí porque en este taller encontraré al hombre que necesitas. Y lo secuestraré y te lo traeré (*sonrisas del público*) para que te sustituya en los turnos de noche. Y en caso de que no suceda así, volveré a visitaros».

Y aquella mujer tuvo tanta fe en lo que yo llamo la manipulación divina que dijo que resistiría cinco días más.

Entonces empezó el taller. Como es natural, siempre tenemos más mujeres que hombres. Fijé la mirada exclusivamente en los hombres. *(Sonrisas del público.)* Miré a cada uno de los hombres en aquel grupo de cien personas. Me dije: «¿Quizá sea ése? No. ¿Quizás ése? No». Nadie parecía la persona idónea.

Y llegado el miércoles, empecé a ponerme nerviosa. *(Sonrisas del público.)* Normalmente tengo muy buena intuición. Es cuando utilizo la cabeza que tengo problemas. *(Sonrisas del público.)* Pero, llegado el miércoles, me había fijado en todos los hombres salvo el único que todavía no había compartido su historia.

De pronto, se presentó un hombre y empezó a compartir con los demás y, en el *instante* mismo que abrió la boca, dije para mí: «*Imposible* que pueda cuidar de ese paciente». Hablaba, si me disculpáis la expresión, como un californiano. *(Risas del público.)* Es una expresión antipática, pero no lo digo con antipatía. Estaba sentado así... todo doblado *(intenta mostrar cómo estaba sentado).* No puedo sentarme así.

Compartió su historia de cómo había ido de taller en taller, desde Esalen hasta el Himalaya. Se alimentaba a base de arroz integral y verdura cruda. *(Sonrisas del público.)* No puedo describirlo de manera más grotesca, pero era uno de esos *auténticos* extremista, afectado de talleritis *(risas del público),* y para mí estas personas son parásitos porque nunca trabajan, se dedican sólo a ir de taller en taller. *(Risas.)* Y cuanto más hablaba, más me decía yo: «No, no, no. No puedo enviar a una persona así a ese hombre».

Y cuando terminó de compartir su historia, dijo: «Quiero seguir tus pasos. Quiero hacer este tipo de trabajo». Y yo pensé: «Ahora verás». *(Sonrisas del público.)* Le dije: «¿Estás dispuesto a trabajar doce horas al día?».

«¡Sí!»

«¿Estás dispuesto a trabajar con un hombre que no puede hablar?»

«¡Sí!»

«¿Que no puede escribir notas?»

«¡Sí!»

«¿Día y noche?»

«¡Sí!»

«¿Estás dispuesto a que no te paguen por tu trabajo?»

«¡Sí!»

Cuanto peor describía al paciente, más se emocionaba. Y al final no tuve más remedio que decirle: «De acuerdo. Tu trabajo comienza el viernes por la tarde a las ocho». *(Risas del público.)*

Tengo que decir que no tenía ninguna esperanza de que aquel hombre se presentara al trabajo. Pensé: «Cuando termine el taller el viernes a mediodía, desaparecerá».

Pero no sólo comenzó a trabajar para esa familia, sino que lo hizo mejor de lo que lo ha hecho nadie jamás por uno de mis pacientes. Lo cuidaba *de verdad*. Y se quedó hasta dos semanas después de la muerte del enfermo, para estar seguro de que la familia estaba bien.

Y la lección que *yo* aprendí es que nunca debo subestimar a los californianos. *(Grandes risas del público.)* Nunca jamás... Cuando se reacciona negativamente ante una persona o ante algo, hay que comprender que se trata de un asunto pendiente propio. ¿Me oís? Mi reacción negativa ante ese hombre duró mucho más de quince segundos, así que cuando volví a casa, tuve que examinar lo que rechazo cuando oigo hablar de arroz integral y verdura cruda. *(Risas del público.)* Es porque yo tomo café y como hamburguesas y fumo cigarrillos y soy muy alérgica a toda esa historia extremista de la comida sana. *(Sonrisas del público.)* Pero es así como se diagnostican los propios asuntos pendientes. Y es muy importante que se haga.

*

Así que después de atender las necesidades físicas de vuestro paciente, después de comprobar que hay una manera de comunicaros —y no hay nunca ninguna manera de comunicarse si conocéis el tablero— sólo entonces será posible ocuparse del cuadrante emocional.

Lo único que tenéis que hacer, como ayudantes que sois, es preguntarles qué podéis hacer por ellos, y oír y escuchar a los pacientes moribundos cuando os dicen, desde su cuadrante intuitivo y no desde su cuadrante intelectual, lo que necesitan hacer para vivir, literalmente, vivir hasta morir.

Pero tenéis que ser conscientes del hecho de que muchísimos pacientes os dirán que *no* quieren vuestra ayuda. Os dirán de manera educada y a veces no tan educada que os vayáis a casa, que ¿qué hacéis aquí?

La mayoría de las personas que ofrecen su ayuda se sienten muy rechazadas cuando les dicen que se vayan a casa. Pero hay que entender que si vosotros os estuvierais muriendo y estuvierais ingresados en un hospital y llegara alguien y se ofreciera a ayudaros a terminar vuestros asuntos pendientes, también les diríais: «¡No, gracias!», porque os gustaría poder elegir por vosotros mismos con quién deseáis terminar vuestros asuntos pendientes, y no os gustaría que lo decidiera en vuestro lugar un administrador de hospital.

Siempre hay que evaluar la situación cuando un paciente nos comunica que no nos quiere o que no nos necesita, porque cada vez que os sentís negativos hacia alguien, sobre todo hacia un paciente, él os estará brindando un regalo al permitir que conectéis con vuestros propios asuntos pendientes. Si tenéis la suficiente autoestima y respeto por vuestra persona, y confianza en el papel que desempeñáis, no os sentiréis abrumados cuando un paciente os diga: «¡No, gracias!». Es muy importante que los profesionales de la salud aprendan esto, para que no lleguéis a «quemaros». *Podríais trabajar ochenta horas a la semana con niños moribundos, con las familias de víctimas de asesinatos y suicidios, y con las tragedias más grandes que podáis imaginar, sin nunca jamás que-*

maros, siempre y cuando a vosotros no os queden asuntos pendientes.

Las cinco emociones naturales

Dios creó al hombre con cinco emociones naturales. Son el miedo, la culpa, el enfado, los celos y el amor. Y cuando llegamos a la edad de seis años, todas las emociones naturales se han convertido en emociones no naturales. Todo lo natural sustentará vuestra energía y todo lo no natural os presionará hasta convertirse en aquello que se llama síndrome de la persona quemada. ¿Cuántos habéis experimentado ese estado, de estar quemados? *(Varias manos.)* ¡No existe! *(Risas sorprendidas del público.)* Estar quemado es tan ridículo como decir: «Me lo ha hecho hacer el Diablo». El Diablo no os hace hacer nada a menos que lo dejéis. Estar quemado es... Imaginemos que trabajáis en una UCI y tenéis cinco pacientes que mueren en un día. Al poco rato, llega el sexto y os toca terminar la jornada de trabajo dentro de una hora y pensáis que os vais a quedar atrapados con ese paciente y decís: «No aguanto uno más». En ningún caso compartís vuestra frustración, la impotencia, la rabia, vuestro enfado, vuestros sentimientos de abuso. Vosotros sois los asistentes, y procuráis tener siempre controladas vuestras frustraciones y vuestra negatividad, porque no podéis ir por ahí llorando y sollozando y apaleando a los médicos. Así que conserváis una apariencia agradable y sonriente. Al cabo de un rato, estáis a punto de estallar. Y si no estalláis, os sentiréis extenuados y al día siguiente tendréis que llamar al trabajo para decir que estáis enfermos cuando no lo estáis. Es el síndrome de la persona quemada.

Y si volvéis a ser naturales puedo garantizaros que seréis capaces de trabajar diecisiete horas al día, siete días a la semana, y con el ánimo risueño. A veces tendréis sueño, pero no os pondréis negativos.

*

Aprended a respetar las cinco emociones naturales y no las convirtáis en emociones no naturales. Las repasaré brevemente.

Sólo tenemos dos *temores* naturales: uno es el temor a caer de lugares altos, y el otro es el temor a los ruidos fuertes e inesperados. Si ponemos a un niño aquí arriba *(indicando el escenario)* —cualquier niño— no querrá bajar porque tiene un temor a las alturas.

Yo soy la señora-de-la-muerte-y-el-morir y no tengo miedo a morir. Pero si alguien disparara un tiro, me agacharía tan rápido que os quedaríais sorprendidos de lo veloz que puedo ser.

Éstos son los temores naturales, a los lugares altos y a los ruidos fuertes. Os han sido dados para evitar que vuestro cuerpo sufra daño; os ayudan a sobrevivir, literalmente.

¿Qué otros temores tenéis? *(Sonrisas y silencio del público.)* ¡Decidme unos cuantos! *(Repite las respuestas del público.)* Miedo a la muerte, ¿qué más? Al fracaso. A los respiradores. A quedarse solo. Al rechazo. A las alturas. A lo desconocido. A lo que piensen los vecinos. A las serpientes. A las ratas. A las arañas. A la gente. *(Risas del público.)* Y así, sucesivamente.

Acumuláis un millón de temores no naturales que os amargan la vida, y luego transmitís vuestras fobias a vuestros hijos y a los hijos de vuestros hijos. Como dice tan hermosamente la Biblia: «Los pecados de vuestros padres pasarán a los hijos y a los hijos de los hijos». Ése es el significado del pecado original.

No tenéis ni idea de cuánta gente invierte el noventa por ciento de su energía vital, tomando decisiones en su vida cotidiana basadas en el miedo. Es el problema más grande de todos los que tenéis. Porque si lleváis una vida sin temores salvo los naturales, seréis capaces de empezar a vivir con plenitud. En mis talleres... no tenéis ni idea del tipo de decisiones que puede tomar la gente basándose en un miedo del que no son en absoluto conscientes. El temor a lo que piensen los vecinos ha matado a más niños que ninguna otra cosa. El temor a no ser amado, el temor a ser rechazado, el temor a no ser una niña buena o un niño bueno... todo esto ha impulsado a más niños a suicidarse que ninguna otra causa en todo el mundo. Quiero que regreséis a casa esta noche y, si tenéis hijos, repasad en silencio cuántos «si» añadís a la afirmación «Te quiero».

Las personas que no tienen miedo a lo que dirán los vecinos, la gente que no tiene miedo de no ser amada vivirá su vida con plenitud.

A menudo, cuando estoy junto al ataúd de un niño, los padres dicen: «¿Por qué se lo hice pasar tan mal? ¿Por qué no vi la belleza de este niño? ¿Por qué me quejaba de que mi hijo tocara la batería cada noche? Me quejaba y no dejaba de quejarme. Esta noche daría cualquier cosa en el mundo por escucharle tocar la batería».

El *duelo* es una emoción natural y es uno de los dones más grandes que le ha sido dado al hombre para afrontar todas las pérdidas de la vida. ¿A cuántos de vosotros se os permitió llorar de niños? Si dejáramos llorar a nuestros niños cuando experimentan las mil pequeñas muertes de su vida, no acabarían siendo adultos llenos de autocompasión. No solemos dejar que nuestros niños lloren. ¿Qué os decían cuando llorabais? *(Repite las respuestas del público.)* «Los niños grandes no lloran.» «Eres una llorona.» «Te irás a tu cuarto si vuelves a llorar.» «¡Dios mío, otra vez!» *(Risas de reconocimiento del público.)* Y mi frase preferida: «¡Si no dejas de llorar, te daré una razón para que llores!». *(Risas de reconocimiento y aplausos.)* Cuando sean mayores, estos niños tendrán un problema enorme con todo lo relacionado con el duelo, y normalmente acaban cargados de autocompasión.

Si una niña se cae de un triciclo y vosotros, como padres, no le dais mayor importancia sino que la dejáis llorar, al cabo de unos segundos se levantará y volverá a subirse a su triciclo. De este modo, la niña se prepara para las tormentas de la vida. No será una niña débil. Se hará fuerte porque no habrá, en su interior, un pozo de lágrimas reprimidas.

El duelo reprimido se puede convertir en problemas pulmonares y en asma. Es posible atajar un ataque de asma si se ayuda al paciente a llorar. No digo que el duelo reprimido en sí sea la *causa* del asma, pero un pozo de lágrimas reprimidas agrava muchísimo el asma, los problemas pulmonares y los trastornos gastrointestinales. Si tenéis familias con un largo historial de asma y les ayudáis a derramar sus lágrimas, entonces se sentirán mucho mejor.

El *enfado* es aún peor. Se supone que los niños no se han de enfadar. Pero bueno, el enfado natural en un niño criado de forma natural sólo dura quince segundos, que es lo que tarda en decir: «¡No, mamá!»

¿Cuántos de vosotros recibisteis cachetadas, bofetadas, correazos, castigo u os enviaron a vuestra habitación cuando os enfadabais de pequeños? *(Silencio del público.)* ¿A nadie aquí en Suecia? *(Risas.)* No me lo puedo creer. ¿Cuántos no recibisteis nunca un castigo cuando os enfadabais?

Son pocos los niños que son aceptados cuando se enfadan. Los padres necesitan aprender que el enfado natural sólo dura quince segundos. Luego se acaba y los niños están preparados para pasar a otra cosa. Pero si no tenéis derecho a enfadaros y, peor aún, si os dan cachetadas, os castigan o riñen, entonces os convertiréis en un Hitler, un Hitler grande y pequeño, que está lleno de rabia y venganza y odio. El mundo está lleno de ellos. Y empleo específicamente esta palabra porque hay un Hitler en todos nosotros. Un pequeño Hitler o un gran Hitler.

Si vosotros, como adultos, tenéis el coraje de conectar con vuestra propia ira reprimida desde que fuisteis niños, y conectáis con las muchas veces que os habéis enfadado con alguien o que habéis estado enojados con alguien durante más de quince segundos, entonces conectaréis con algo que ha sido reprimido en vuestro interior, y esto se llama rabia, odio y venganza. Es, físicamente, el peor tipo de asunto pendiente que albergamos, porque si guardáis esos sentimientos reprimidos en vuestro interior durante mucho tiempo, al final afectará vuestro cuadrante físico y tendréis mala salud.

El odio, que es un enfado distorsionado, es un gran asesino en términos de enfermedad física. Todas las emociones no naturales tienen su equivalente físico: un infarto es una expresión de miedo y enfado reprimido. Si sois miembros de familias con una tendencia genética a los infartos a los cuarenta años, y sois hombres que se aproximan a esta edad y sabéis que es como un cuchillo suspendido sobre vuestra cabeza, entonces venid a uno de mis talleres y yo os ayudaré a deshaceros de ese enfado y ese miedo. Nunca habéis imaginado lo que hay en vuestro interior; es como una olla a presión que está a punto de reventar. Deshaceos de vuestro miedo y vuestro enfado y, a pesar de la probabilidad genética de tener un infarto a una edad temprana, alargaréis vuestra vida en varios años. Son las emociones negativas reprimidas las grandes asesinas de nuestra sociedad.

Billy

Una vez visité en su casa a un niño moribundo de ocho años. Los padres estaban continuamente pendientes de él y en la misma habitación había otro niño sentado junto a la ventana. Estaba solo, como si no perteneciera a la familia. Supuse que era un vecino que estaba de visita. Nadie lo incluía en la conversación, nadie le hablaba, nadie me lo presentó. Era como si no existiera. Cuando se visita a los pacientes en su casa, se aprende mucho. Yo tampoco le hice caso y me dejé llevar por la dinámica familiar.

En el transcurso de la conversación, me di cuenta de que debía de tratarse de Billy, el hermano del niño enfermo. Tenía unos siete años. Antes de marcharme, le pedí que hiciera un dibujo y me di cuenta de que el niño moribundo no tenía problemas pero que *él*, Billy, tenía más problemas que toda la familia junta. Le pregunté cuál era su gran problema y él no me lo podía decir con palabras. Le pedí que me hiciera otro dibujo, y a partir de él pude hablar con Billy.

Cuando terminé la visita y estaba a punto de salir, me levanté y le dije a Billy: «Quiero que *tú* me acompañes a la puerta». Él se levantó de un salto y dijo: «¿Yo?». Le respondí: «Tú, y sólo tú». Y miré a la madre con lo que yo llamo mi «ojo de águila» *(risas del público),* lo que significa: «Tú quédate justo ahí donde estás y no salgas a chismorrear lo que hago con este niño». Ella recibió el mensaje y fuimos juntos hasta la puerta. Y en la puerta, Billy me agarró la mano, y al cerrar la puerta justo lo necesario para que no lo vieran sus padres, me miró y dijo: «Supongo que sabes que tengo asma». Y yo respondí impulsivamente (la mayoría de las veces no me paro a pensar): «No me sorprende».

Llegamos al coche y nos sentamos en el asiento delantero y cerramos la puerta a medias para que no nos vieran los padres chismosos.

Yo comenté: «¡Así que tienes asma!». Y él dijo muy tristemente: «Supongo que con eso no basta». Le pregunté: «¿Qué es lo que no basta?». Él respondió con naturalidad: «A mi hermano le regalan trenes eléctricos, lo llevan de viaje a Disneylandia, no hay nada que no harían por él. Pero cuando yo quería una pelota de fútbol mi papá dijo que no. Y cuando yo le pregunté por qué, se enfadó mucho y me dijo: «¿Te gustaría más tener cáncer?».

¿Comprendéis el pensamiento lógico de estos padres? ¿Comprendéis la tragedia de este niño?

Los niños se lo toman todo literalmente. No sorprende que algunos niños desarrollen síntomas psicosomáticos. Si nosotros, los adultos, les decimos bastante explícitamente: «Si tienes cáncer lo podrás tener todo, pero si estás bien, no nos exijas nada», entonces es comprensible que ese niño crezca con muchísima rabia, odio, venganza y autocompa-

70

sión. Quizá piense algo así: «Si a mi hermano le dan juguetes más grandes cuanto más enfermo se pone, quizá yo no esté lo bastante enfermo y tengo que ponerme más enfermo». Ése es el principio de una enfermedad psicosomática. Entonces desarrolla asma, y cuanto más enfermo se ponga, mayor será el regalo que cree que recibirá. Más adelante, quizá se convierta en un gran manipulador, porque cuando quiera algo le cogerá un infarto espectacular o un ataque de asma.

Quizá también desee que su hermano se muera pronto para que la vida vuelva a la normalidad y para recuperar su pedazo de pastel. Eso, sin duda, hará que se sienta muy culpable.

A menudo observamos este tipo de comportamiento no natural. Se puede ayudar a los padres a que comprendan que tienen que vigilar lo que les dicen a los niños pequeños porque se lo toman todo muy literalmente. Y se puede ayudar a este niño a hacer el duelo por todas las cosas que no recibió y también por no haber recibido suficiente atención. Se le ayudaría si se le dejara hacer ese duelo, y si un vecino o un religioso o un amigo o alguien saliera a pasear con este niño sano y le diera una atención especial. Se puede hacer mucha medicina preventiva y psiquiatría preventiva consiguiendo que entienda que no tiene que tener cáncer para que lo amen. Todos los niños necesitan amor, y si lo reciben no tendrán que desarrollar un asma para competir con un hermano que tiene cáncer.

El caso es bastante distinto en niños que han sido amados incondicionalmente y que han podido expresar su enfado natural. Cuando se están muriendo, serán capaces de indicar en muy pocos minutos cuándo han llegado al límite de su tratamiento. Su cuadrante intuitivo sabe cuándo sólo van a vivir unos días más, y se lo dirán a su mamá, papá, a un médico o a una enfermera, o a alguna persona en la que confían: «Ha llegado el momento de irme a casa». Si sois capaces de escuchar eso, jamás perderéis la oportunidad cuando el paciente os diga: «Tengo unos días para vivir. Ahora necesito irme a casa». Y os encantará escucharlo, y os resultará fácil encontrar el coraje para interrumpir la quimioterapia o lo que sea que hayáis iniciado, porque ya sabríais que el paciente sabe que no va a sobrevivir al trance.

La belleza de trabajar con pacientes moribundos —si estáis preparados para despojaros de vuestros propios bloqueos, de vuestros propios asuntos pendientes— es que podréis *escuchar* cómo habla el cuadrante intuitivo de vuestro paciente. En los veinte años que llevo trabajando con pacientes moribundos, adultos y niños, jamás he tenido un paciente que no supiera que se estaba muriendo. Eso incluye a niños de cinco años que, desde su cuadrante intelectual, no tienen ni idea de lo que les está pasando. Y no obstante, pueden deciros no sólo lo que les pasa —no en lenguaje científico aunque sí con dibujos— sino que también pueden deciros cuándo la muerte está cerca. *Si* sois capaces de escuchar eso, *si* los padres no proyectan sus propias necesidades, *si* el médico reconoce que los pacientes saben más de sí mismos que él, entonces nunca tendréis un problema con la prolongación artificial de la vida cuando ésta no sea útil. Os daré un ejemplo muy práctico de ello cuando termine de hablar sobre las emociones naturales.

Los *celos* son una emoción natural, muy natural, muy positiva. A los niños pequeños les sirve para emular o copiar a los niños mayores a la hora de aprender a esquiar, patinar sobre hielo, tocar la flauta, leer un libro. Si despreciáis a los niños en sus celos naturales, éstos se convertirán en envidia y en una competitividad espantosa. Si criticáis y despreciáis esta forma de celos naturales, la mente entrará en un estado de competitividad interminable.

El *amor* es el problema más grande de todos, un problema que empuja al mundo al borde de la autodestrucción. Si no comprendemos el amor, tendremos problemas, no sólo con los pacientes moribundos sino también con los vivos. El amor tiene dos aspectos. Uno de ellos se refiere a los abrazos, las caricias, y al hecho de ofrecer una seguridad física. Y el otro, que es la parte más importante que suele olvidar la gente, se refiere al coraje de decir «no»; decir «NO» en mayúsculas a una persona que amas. Si no puedes decir que no, es una señal de que tienes demasiado temor, vergüenza o culpa en tu interior. Una madre que le ata los cordones a su hijo hasta que éste tiene doce años no le está dando amor sino todo lo contrario, porque no es capaz de decirle que no.

Hay también otra forma de decir «no» que conviene que aprendan los padres. Los padres que aman a su hijo *tanto* que no le dejan cruzar la calle solo, y no le dejan quedarse a pasar la noche en casa de sus amigos, y no le permiten ir a ninguna parte, esos padres no han aprendido a decirle «no» a sus *propias* necesidades. No expresan amor por su hijo si lo retienen. Todo lo contrario, proyectan sobre él sus propios temores y sus propios asuntos pendientes.

Si tenéis demasiado miedo, vergüenza o culpa como para decirles «no» a vuestros hijos, o como para decíroslo a vosotros mismos, criaréis una generación de incapaces, privándolos de la vida, y privándoos vosotros mismos de la experiencia más grande de vuestra vida.

Jeffy

Cuando se trabaja con niños moribundos, se descubren los efectos de la falta de amor. Luego, llegáis a casa y os fijáis en vuestros propios hijos e intentáis poner en práctica aquello que os enseñan los niños moribundos. Mi mejor y más breve ejemplo es Jeffy, un niño de nueve años afectado de leucemia durante los últimos seis años de su vida. Entraba y salía del hospital. Era un muchacho muy enfermo cuando lo vi por última vez en el hospital. Tenía afectado el sistema nervioso central. Estaba como un hombrecito borracho. Tenía la piel muy pálida, casi incolora. Apenas podía tenerse en pie. Se le había caído todo el pelo en varias ocasiones debido a la quimioterapia. Ya no podía ni siquiera mirar las agujas de las inyecciones, y todo le resultaba demasiado doloroso.

Me di cuenta, con mucha intensidad, de que este niño tenía unas semanas, como máximo, de vida. Después de atender a una familia con un hijo así a lo largo de seis de sus nueve años de vida, me había convertido en parte de ella.

Aquel mismo día, un médico nuevo, muy joven, hizo las rondas en el hospital. Cuando entré en la habitación, oí que le decía a los padres de Jeffy: «Vamos a intentar otra quimioterapia».

Les pregunté a los padres y a los médicos si se lo habían preguntado a Jeffy, si *él* estaba dispuesto a recibir otra ronda de tratamiento. Los padres amaban incondicionalmente a su hijo, y por eso fueron capaces de permitirme hacerle esta pregunta a Jeffy en su presencia. Jeffy me dio una respuesta hermosa, al modo de los niños. Dijo muy sencillamente: «No os entiendo a los adultos. ¿Por qué tenéis que ponernos tan enfermos a los niños para que nos pongamos bien?».

Hablamos. Ésta era la manera de Jeffy de expresar el enfado natural de quince segundos. Este niño tenía un fuerte sentido de su propio valor, y la suficiente autoridad interior y autoestima para tener el coraje de decir: «No, gracias», que fue lo que dijo Jeffy. Los padres pudieron escucharlo, respetarlo y aceptarlo.

Entonces quise despedirme de Jeffy. Pero él dijo: «No. Quiero estar seguro de que me van a llevar a casa hoy». Si un niño os dice: «Llévame a casa *hoy*», la urgencia es grande, e intentamos no posponerlo. Así que les pregunté a los padres si estaban dispuestos a llevarlo a casa. Los padres tuvieron el amor y el coraje suficientes para hacerlo.

Y de nuevo quise despedirme. Pero Jeffy, como todos los niños que siguen siendo tremendamente sinceros y sencillos, me dijo: «Quiero que te vengas *tú* a casa conmigo».

Me miré el reloj, que en el lenguaje simbólico no verbal significa: «¿Sabes?, la verdad es que no tengo tiempo de ir a

74

casa con todos mis niños». Sin que yo tuviera que decir nada con palabras, él me entendió en seguida y dijo: «No te preocupes, sólo serán diez minutos».

Me fui a casa con él, sabiendo que en los diez minutos después de llegar a la casa, Jeffy terminaría sus asuntos pendientes. Fuimos a casa en el coche; los padres, Jeffy y yo. Doblamos para entrar en el camino de su casa, y abrimos el garaje.

Entramos en el garaje y nos apeamos del coche. Jeffy le pidió con bastante naturalidad a su padre: «Baja mi bicicleta de la pared».

Jeffy tenía una bicicleta flamante que colgaba de dos ganchos en la pared del garaje. Durante mucho tiempo el sueño de su vida había sido tener la capacidad, una vez en su vida, de dar la vuelta a la manzana en bicicleta. Así que su padre le había comprado una bicicleta preciosa. Pero debido a su enfermedad no la había podido montar nunca. Llevaba tres años colgada de los ganchos.

Jeffy le pidió a su papá que la bajara. Con lágrimas en los ojos me pidió que le pusiera las ruedas de apoyo a la bicicleta. No sé si os dais cuenta de la humildad que tiene que tener un niño de nueve años para pedir ruedas de apoyo, que normalmente sólo usan los niños muy pequeños.

Y el padre, con lágrimas en los ojos, le puso las ruedas de apoyo a la bicicleta de su hijo. Jeffy estaba como borracho, apenas capaz de tenerse en pie.

Cuando el padre acabó de colocar las ruedas de apoyo, Jeffy me lanzó una mirada y me dijo: «Y tú, doctora Ross, estás aquí para sujetar a mi mamá».

Jeffy sabía que su mamá tenía un problema, un asunto pendiente. Aún no había sido capaz de aprender el amor que puede decir «no» a sus propias necesidades. Su necesidad más grande era levantar a su hijo tan enfermo, ponerlo en la bicicleta como si fuera un niño de dos años, sostenerlo y dar la vuelta a la manzana corriendo a su lado. Y así le habría arrebatado la victoria más grande de su vida.

Así que yo sujeté a su mamá, y su marido me sujetó a *mí*. Nos sujetamos mutuamente y aprendimos de la manera más dura lo doloroso y difícil que a veces es estar ante un niño muy vulnerable con una enfermedad terminal y permitirle la victoria y el riesgo de caer y herirse y sangrar.

Y arrancó y se fue.

Al cabo de lo que nos pareció una eternidad, regresó el hombrecito más orgulloso que jamás habéis visto. Tenía una sonrisa radiante de oreja a oreja. Parecía que acababa de ganar la medalla de oro en los Juegos Olímpicos.

Con mucho orgullo, se bajó de la bicicleta y le pidió a su padre con *gran* autoridad y sentido de orgullo que le quitara las ruedas de apoyo y le llevara la bicicleta a su dormitorio.

Y entonces, sin sentimentalismos, muy hermosamente y directo al grano, se volvió hacia mí y dijo: «Y tú, doctora Ross, ahora puedes irte a casa». Había guardado su promesa de que sólo llevaría diez minutos de mi tiempo.

Pero además me dio el regalo más grande del que he sido testigo: su gran victoria, el cumplimiento de un sueño increíble. Esto *jamás* habría sido posible si lo hubiéramos retenido en el hospital.

Dos semanas después me llamó su mamá y dijo: «Te tengo que contar el final de la historia».

Después de marcharme de su casa, Jeffy había dicho: «Cuando llegue mi hermano de la escuela —su hermano Dougy, un niño de primer año en la escuela— decidle que suba a mi habitación, pero que no vengan adultos, por favor». Esto es, una vez más, el «no, gracias». Y se lo respetaron.

Dougy llegó a casa y le dijeron que subiera a ver a su hermano. Al cabo de un rato, éste bajó pero se negó a contarles a sus padres lo que habían conversado su hermano y él.

No fue hasta dos semanas más tarde cuando tuvo permiso para contarnos lo que había sucedido durante aquel encuentro.

Jeffy le había dicho a Dougy que quería tener el placer de darle personalmente su bicicleta más querida. Pero no podía esperar dos semanas más hasta que fuera el cumpleaños de Dougy, porque por entonces ya habría muerto. Por eso se lo quería dar entonces, pero sólo con una condición: que Dougy no usaría *jamás* aquellas malditas ruedas de apoyo. *(Risas del público.)* Esa fue otra expresión del enfado de quince segundos.

Jeffy murió al cabo de una semana. Dougy celebró su cumpleaños una semana después y entonces pudo compartir con nosotros el final de la historia: cómo un niño de nueve años terminó sus asuntos pendientes.

Y espero que comprendáis que el duelo de los padres era intenso, pero no les quedaba *trabajo* de duelo, ni miedo, ni culpa, ni vergüenza. «Ay, Dios mío, ojalá hubiéramos sido capaces y estado dispuestos a escucharlo.»

Guardaban el recuerdo de la vuelta que había dado a la manzana y del rostro resplandeciente de Jeffy, que pudo lograr su victoria sobre una acción que la mayoría, desgraciadamente, damos demasiado por sentado.

Los niños saben lo que necesitan. Los niños saben cuándo se acerca el momento. Los niños comparten con nosotros sus asuntos pendientes. Y es sólo vuestro propio temor y vuestra propia culpa, vuestra propia vergüenza y vuestro propio aferramiento lo que os impide escucharlos. Y al hacerlo, os arrebatáis a vosotros mismos la ocasión de vivir momentos sagrados como éste.

Mi siguiente ejemplo breve de asunto pendiente no tiene nada que ver con el odio ni con un trabajo de duelo no resuelto. Tiene que ver con la costumbre de dar por sentadas las cosas buenas... *(Se interrumpe a sí misma.)* Por cierto, ¿cuántos de los que estáis aquí no habéis hablado con vuestra suegra en diez años o más? *(Sonrisas del público.)* No espero que os confeséis públicamente *(risas)*, pero al menos haceros la pregunta: ¿por qué trato a las personas que no aprueban de mí...? ¿Por qué necesito tratarlas con la venganza del silencio?

Si vuestra suegra se muere mañana, os gastaréis una fortuna en la floristería, y eso sólo le servirá a la florista. *(Risas.)* Pero si mañana sentís que diez años de castigo es suficiente, entonces podréis ir, coger unas flores y dárselas. Pero no esperéis que ella os quiera, o que os las agradezca. Es posible incluso que os las tire por la cara, pero *vosotros* le habréis dado vuestra ofrenda de paz. Si muere al día siguiente, sentiréis el duelo, pero no os quedará trabajo de duelo. El duelo es natural y un regalo divino. El trabajo de duelo es: «Ojalá hubiera hecho esto o lo otro...».

Pero los asuntos pendientes no son únicamente el duelo, el enfado, los celos, cosas negativas que no hayan sido expresadas. Los asuntos pendientes pueden molestaros igualmente si habéis tenido experiencias positivas sin haberlo compartido con vuestros semejantes. Por ejemplo, un maestro que ha sido muy influyente en vuestra vida y que le ha dado un sentido y un propósito y una dirección a vuestra vida, y para el que nunca os tomasteis el tiempo de darle las gracias. De repente se muere y pensáis: «Dios mío, habría estado bien escribirle una carta».

Quizás el mejor y más breve ejemplo de este tipo de asunto pendiente, que puede acosaros durante muchos años, es una carta que una joven escribió sobre Vietnam. Es un «Ojalá hubiera...».

¿Recuerdas el día que te pedí prestado tu coche nuevo y flamante y te lo abollé?

Pensé que me matarías, pero no lo hiciste.

¿Recuerdas la vez que te arrastré hasta la playa y me dijiste que llovería y así fue?

Pensé que me dirías: «Te lo dije», pero no lo hiciste.

¿Recuerdas la vez que coqueteé con todos los chicos para ponerte celoso y lo conseguí?

Pensé que me abandonarías, pero no lo hiciste.

¿Y la vez que se me cayó la tarta de moras encima de tus pantalones nuevos?

Pensé que me dejarías para siempre, pero no lo hiciste.

¿Y la vez que se me olvidó decirte que el baile era formal y apareciste en vaqueros?

Pensé que me darías una bofetada, pero no lo hiciste.

Había tantas cosas que quería agradecerte cuando regresaras de Vietnam...

Pero no lo hiciste.

Espero que si habéis tenido una abuela o una maestra de parvulario o alguien que fuera muy especial para vosotros —no tiene que ser de vuestra familia—, que le digáis todas esas cosas antes de enteraros de que él o ella ha muerto. Eso también es un asunto pendiente.

Cuando tengáis el coraje de volver a ser sinceros, tanto como lo son los niños, veréis que encontraréis el coraje para evaluar y examinar con franqueza vuestros propios asuntos pendientes. Despojaos de ellos para que podáis volver a ser enteros. Entonces surgirá vuestro cuadrante intuitivo, espiritual. No tenéis que hacer nada para conseguirlo salvo deshaceros de vuestra negatividad. Cuando hayáis desarrollado esto, vuestra vida cambiará drásticamente.

A partir de entonces, siempre oiréis a vuestros pacientes. Siempre los oiréis cuando necesiten ayuda. Siempre los oiréis decir *de quién* necesitan ayuda; no será siempre de vosotros. También escucharéis lo que necesitan para acabar lo que todavía no hayan terminado.

El trabajo con pacientes moribundos se convierte entonces en una gran bendición. Y nunca, jamás os dejará quemados, porque cada vez que reaccionéis, cada vez que encontréis algún pequeño asunto pendiente que brota como una mala hierba en el jardín, sabréis que tenéis que arrancar esas hierbas de vuestro jardín, una y otra vez.

Cuando acabéis vuestros asuntos pendientes, todo vuestro odio y codicia y trabajo de duelo reprimido y todas las cosas negativas que no sólo arruinan vuestra vida, sino también vuestra salud, veréis que ya no importa si morís a la edad de veinte años o a los cincuenta o noventa, y entonces ya no tendréis de qué preocuparos.

Cuando descubrís esa misma fuente de conocimiento interior en otras personas, con personas que tienen una muerte repentina, veréis que incluso los niños que han sido asesinados, incluso los niños que mueren repentina e inesperadamente atropellados por un coche, saben en su interior no sólo *que* van a morir sino también *cómo* van a morir.

Es importante que sepáis que cuanto más joven seáis más sabéis. Cuanto menos sepáis aquí arriba *(indicando la cabeza)*, más sabéis aquí *(indicando el cuadrante intuitivo)*; bueno, casi, no es del todo así. Y las personas que son intelectualmente hipertróficas... ¿Sabéis lo que quiero decir con eso? Os pasáis año tras año estudiando y, entretanto, perdéis la intuición, porque aprendéis a analizarlo todo aquí arriba *(cabeza)*, y os olvidáis de que sabéis mucho más aquí dentro *(intuición)*. Os metéis en líos con vuestro cuadrante intelectual y necesitáis aprender a mantenerlo en armonía con vuestro cuadrante intuitivo. Eso es muy difícil.

¿Comprendéis lo que intento deciros? Terminar vuestros propios asuntos pendientes es la única manera de efectuar un cambio en el mundo. Y, brevemente, hablaré como psiquiatra porque es muy importante que sanéis pronto al mundo, antes de que sea demasiado tarde. *Tenéis que comprender que no podéis sanar al mundo sin antes sanaros a vosotros mismos.*

(Uno de los participantes hace una pregunta.) ¿Habéis oído la pregunta, todos? *(«¡No!»)* Ha preguntado cómo podemos abordar los conflictos con la sociedad, cómo la sociedad puede trabajar con pacientes moribundos, para que no tengamos que trabajar sólo a nivel individual como hago yo. *Vosotros sois la sociedad.* En 1968, yo era la única persona que hablaba con pacientes moribundos en Estados Unidos y que enseñaba a hacerlo en las facultades de medicina y en los seminarios

de teología. Y en los últimos años hemos organizado 125.000 cursos cada año sólo en Estados Unidos. Se comienza con una persona, y vosotros podéis comenzar. Ya lo habéis comenzado.

Teníamos una sola residencia en 1970. Y el año pasado teníamos 100 residencias que nos solicitaban en un año, sólo en California. Brotan como champiñones. Espero que comprendáis lo que quiero decir. Esto no es bueno. Ahora mismo está muy de moda. Todo el mundo pone en marcha residencias porque reciben dinero del gobierno, y es inteligente hacerlo, políticamente. Pero si algo no se hace con amor, amor incondicional, sino que se hace con afán de lucro o de prestigio o para destacar, entonces no merece la pena. Así que si diez mil personas aquí en Suecia empiezan a tener el coraje de llevarse a los pacientes a casa a morir, ayudando a vuestros vecinos a llevarse a su esposo o a su hijo a casa, entonces se necesitarán muy pocas personas para hacer este trabajo. Y mientras lo hagáis gratuitamente, sin expectativas de poner en marcha un famoso «Centro de Muerte y Morir» o cualquier otra motivación no positiva que podáis tener, vuestro trabajo con vuestros pacientes será maravilloso. Hacen falta una o dos personas que no tengan miedo de ponerlo en marcha. Y es posible que experimentéis muchos abusos y mucha hostilidad en ciertas ocasiones, pero el fruto de vuestra labor habrá merecido la pena. Es realmente lo único que puedo decir.

(*Pregunta del público: «¿Qué le dices a un niño cuya madre se ha suicidado?»*) Vemos a muchos niños cuyas madres se han suicidado. No les prediquéis, no les digáis nada a ellos. Dejad que el niño haga un dibujo y dejad que comparta con vosotros lo que significa para él y ofrecedle un lugar seguro donde pueda exteriorizar su rabia, su enfado, sus sentimientos de injusticia y su tremendo duelo. Y entonces, cuando haya expresado toda esa angustia y ese enfado, sólo entonces se puede comenzar a ayudarle a comprender por qué algunas personas encuentran que ésta es la única solución. Y lo hacemos con compasión. No juzgando.

Pero no podéis hacerlo hasta que le hayáis ayudado a exteriorizar su rabia, su impotencia, su enfado, y para eso necesitáis un lugar muy seguro. Es lo que hacemos en nuestros talleres. Todas las personas en nuestros talleres tienen este tipo de dolores.

(Elisabeth invita al público a hacer más preguntas específicamente sobre los niños y la muerte antes de pasar al siguiente tema de la velada, que es la vida después de la muerte. Durante un rato, no obstante, sólo responde a preguntas sobre los niños y la muerte y el público se vuelve cada vez más impaciente, pues quiere escuchar lo que tiene que decir sobre la vida después de la muerte. Elisabeth intuye estos sentimientos del público y lo que viene a continuación es su respuesta a estos sentimientos.)

(Pregunta impaciente del público: «¿Cuándo vas a hablar de la vida después de la muerte?» Elisabeth responde.)

En cuanto hayamos acabado con nuestros asuntos terrenales. *(Risas desganadas del público.)*

Hay muchas personas que quieren saberlo todo sobre la vida después de la muerte y no comprenden que si se vive con plenitud y en armonía, sin negatividad y sin asuntos pendientes, cada quien tendrá *su propia* experiencia. Vivir de esta manera es la única manera de llegar a ser completamente abiertos en vuestro cuadrante intuitivo y espiritual. Yo misma nunca he hecho algo *concreto* para tener mis experiencias místicas. Yo ni siquiera puedo quedarme quieta para meditar. Me gusta comer carne, bebo café, fumo, nunca he estado en la India, no tengo un gurú ni un baba *(risas del público)* y he tenido todas... *(aplausos)...* y he tenido todas las experiencias místicas que podríais soñar en vuestra vida.

Y lo único que me gustaría transmitiros es que no necesitáis drogas, no necesitáis ir a la India, no necesitáis un gurú o un baba o gente de afuera que os diga cómo hacerlo. Si estáis preparados para las experiencias espirituales y no tenéis miedo, entonces las encontraréis por vosotros mismos.

Si no estáis preparados para ellas, no creeréis lo que os digo. Pero por otro lado, si ya *sabéis*, entonces podrían colgaros de las uñas de los dedos de los pies y seguiríais sabiéndolo.

¿Comprendéis la diferencia entre *saber* algo y *creer* algo? Cuando sabéis, por mucho que os hagan, sabréis que la muerte no existe. Yo he recopilado veinte mil casos de experiencias de muerte próxima y dejé de registrarlos porque imaginaba que era mi responsabilidad decirle a la gente que la muerte no existe.

Yo creía que era de suma importancia contarle a la gente lo que sucede en el momento de la muerte, y muy pronto descubrí *(con un atisbo de dolor en su voz)* —y el precio que tuve que pagar por ello no fue tan bajo— que aquellos que están preparados para oírlo ya lo saben de todos modos, igual que mis niños —cuando están preparados para ello— saben que se están muriendo. Por otro lado, a las personas que *no* lo creen se les podría dar un millón de ejemplos y *seguirían* diciendo que es sólo el resultado de una privación de oxígeno. Pero esto no importa en realidad, porque después de morir, lo sabrán de todos modos. *(Sonrisas, risas y aplausos del público.)* Si necesitan racionalizar estas cosas para alejarlas de sí mismos, es su problema.

El único Hitler que yo quiero conservar en mi interior es el que, cuando esas personas que me lo han hecho pasar mal por hablar en público sobre la experiencia de la muerte próxima, hagan la transición, me permitirá sentarme a su lado y mirarles los rostros sorprendidos y voy a ... *(risas del público)...* ¡usar el lenguaje simbólico no verbal! *(Risas y aplausos.)*

Ahora os contaré, de todos modos, lo que necesitáis saber, por si os sirve de algo.

Para mí es muy importante que las personas que llevan a cabo investigaciones sobre la vida después de la muerte lo hagan de la manera más sistemática y científica posible. Porque si no se emplea el lenguaje adecuado, todo suena bastante estrambótico.

Llevo trabajando con pacientes moribundos veinte años y cuando comencé este trabajo tengo que decir que ni estaba muy interesada en la vida después de la muerte ni tenía una imagen demasiado clara de la definición de la muerte, salvo, naturalmente, las que ha definido la ciencia de la medicina. Cuando se estudia la definición de muerte, se observa que sólo abarca la muerte del cuerpo físico, como si el hombre sólo fuera una crisálida o capullo.

Yo era una de esos médicos, científicos, que jamás había cuestionado esta definición. Pero en los años sesenta, se hizo muy difícil ser médico con la aparición de los trasplantes y las instituciones dedicadas a la congelación a bajas temperaturas y con la gente que creía que se puede conquistar a la muerte con dinero y tecnología. Congelaban a las personas en el momento de su muerte y prometían descongelarlas «de aquí a veinte años» cuando tal vez exista una curación para el cáncer. La gente invertía 9.000 dólares al año con la ilusión de que su familiar más próximo sería descongelado vivo. Era como la cima de la arrogancia y la estupidez, si me permitís que lo diga así. Era ignorancia, ambición, y una negación de nuestra propia mortalidad, una negación de nuestro origen. Era la negación de que la vida tiene un propósito, y de que la vida en este mundo físico *no tiene* que durar para siempre, era la negación del hecho de que la calidad de vida es mucho más importante que los años, que la cantidad de años.

Y en aquellos tiempos se hizo muy difícil ser médico porque en Estados Unidos... Recuerdo un día que teníamos doce padres en la sala de espera por *un* niño que se podía salvar. En aquellos tiempos teníamos que administrar diálisis, pero no teníamos el equipo suficiente, y los médicos tenían que elegir un niño de entre doce para que recibiera la diálisis. ¿Cuál merecía más vivir?

Era una pesadilla espantosa.

Luego aparecieron también los trasplantes de hígado y

los trasplantes de corazón e incluso empezó a hablarse de trasplantes de cerebro. Y paralelamente, empezaron a presentarse los pleitos, pues nuestro materialismo ha alcanzado un punto en que las personas presentan denuncias ahí donde la cuestión de la prolongación ha planteado tantísimos problemas difíciles. Además, se nos puede poner un pleito por intentar extraer un órgano de una persona demasiado prematuramente cuando la familia afirma que todavía está viva, o cuando esperamos demasiado y tal vez a menudo prolonguemos innecesariamente la vida.

Las compañías de seguros de vida también han contribuido a agravar este problema, dado que en un accidente familiar a veces es de vital importancia saber quién de la familia murió primero, aunque sólo sea por unos cuantos minutos. Aquí de nuevo la cuestión es el dinero y quiénes serán los beneficiarios.

Está de más decir que todas estas cuestiones me habrían afectado muy poco de no haber sido por mis propias experiencias muy subjetivas junto al lecho de mis pacientes moribundos. Siendo una semicreyente escéptica, por ponerlo de forma moderada, y no estando interesada en las cuestiones relacionadas con la vida después de la muerte, no podía evitar sentirme impresionada por varias observaciones que hacía con tanta frecuencia que empecé a preguntarme por qué nadie había estudiado las cuestiones *de fondo* de la muerte; no por motivos científicos concretos, ni para afrontar los pleitos legales, evidentemente, sino sólo por pura curiosidad natural.

Un día, cuando llegaron varios pleitos legales al hospital, tuve una discusión con el maravilloso párroco negro con el que empecé los primeros seminarios sobre la muerte y el morir, en la Universidad de Chicago. Yo lo quería mucho, y con él tenía una simbiosis ideal. Ese día filosofábamos juntos sobre lo que podríamos hacer para que la medicina recuperara su lugar anterior. Y yo era una médica rural anticuada de Suiza, así que vivía mi profesión con mucho idealismo. Y decidimos que el problema de fondo era que no teníamos una definición de la muerte.

El hombre ha existido durante 47 millones de años, y ha estado en su existencia actual, que incluye la faceta de la divinidad, desde hace 7 millones de años. Cada día muere gente en todo el mundo y, en cambio, en una sociedad que es capaz de enviar a un hombre a la luna y traerlo de vuelta a la tierra sano y salvo, nunca hemos dedicado ni un solo esfuerzo al estudio de una definición actualizada y completa de la muerte humana. ¿No os parece extraño?

Tenemos definiciones, pero en todas ellas hay excepciones como, por ejemplo, si has tomado barbitúricos o si tienes mucho frío, puede salirte un EEG plano pero te pueden devolver a una vida normal sin lesiones cerebrales. Y cualquier definición que tenga excepciones no es, evidentemente, la definición última. Así que en mi entusiasmo juvenil, le dije a este párroco: «Le prometeré a Dios que viviré lo suficiente para encontrar una definición de la muerte». Era una fantasía muy ingenua e infantil pensar que si tuviéramos una definición de la muerte, entonces desaparecerían los pleitos y podríamos volver a ser sanadores y médicos.

Y yo, que siempre había tenido problemas con los curas porque muchas veces hablan demasiado y no creen en lo que dicen y no lo viven ellos mismos, desafié a éste y le dije: «Vosotros, siempre estáis subidos a vuestros púlpitos y decís "Pedid y se os concederá". Ahora te voy a pedir yo algo. Ayúdame a investigar sobre la muerte».

La experiencia de la muerte próxima

En algún lugar dice: «Pedid y se os concederá. Llamad y se os abrirá». O, con otras palabras: «Aparecerá un maestro cuando el discípulo esté preparado». Se ha comprobado que esto es muy cierto. Una semana después de plantear esta importante pregunta y de comprometernos a averiguar una respuesta, nos visitaron unas enfermeras que compartieron con nosotros la experiencia de una mujer, una tal señora Schwartz, que había estado en la unidad de cuidados intensivos quince veces.

Siempre que ingresaba la mujer, se esperaba que muriera, pero cada vez pudo salir por su propio pie de la UCI para vivir unas cuantas semanas o meses más. Ella era, según la denominaríamos ahora, nuestro primer caso de experiencia de muerte próxima.

Esto ocurrió simultáneamente con mi creciente sensibilidad y observación de otros fenómenos aún sin explicación en aquellos tiempos que aparecían cuando mis propios pacientes se hallaban muy, muy cerca de la muerte. Muchos empezaban a «alucinar» la presencia de seres queridos con los que aparentemente tenían alguna forma de comunicación pero que yo, personalmente, no era capaz de ver ni de oír.

También era bastante consciente de que incluso los pacientes más enfadados y más difíciles, muy poco antes de su muerte, empezaban a relajarse profundamente, los rodeaba cierta serenidad y empezaban a librarse del dolor a pesar de tener, por ejemplo, un cuerpo asolado por el cáncer y lleno de metástasis. Además, justo después de la muerte, sus rasgos faciales expresaban una increíble sensación de paz y ecuanimidad y serenidad que yo no podía comprender, puesto que solía tratarse de muertes que acaecían durante una etapa de enfado, negociación o depresión.

Mi tercera observación, y tal vez la más subjetiva, era que yo siempre me he acercado mucho a mis pacientes y he querido implicarme profunda y cariñosamente con ellos. Ellos conectaban con mi vida y yo conectaba con sus vidas de una manera muy íntima y significativa. Pero, al cabo de unos minutos de la muerte de un paciente, yo dejaba de tener sentimientos hacia él o ella, y a menudo me preguntaba si algo no funcionaba bien en mi interior. Cuando miraba el cuerpo, se me presentaba como algo parecido a un abrigo de invierno que se despoja con la llegada de la primavera, cuando ya no se necesita más. Tenía una imagen increíble, muy clara, de un caparazón, y mi querido paciente ya no estaba ahí.

Descubrimos que era posible investigar sobre la vida después de la muerte. Este descubrimiento fue para mí una experiencia increíblemente conmovedora, y os haré un simple resumen de lo que hemos aprendido en muchos, muchos años de estudiar este fenómeno. Es lo que se llama —por ahora— la experiencia de la muerte próxima.

Nuestro sueño era recoger veinte casos. En la actualidad, tenemos veinte mil casos. Nunca los hemos publicado y me alegro de que no lo hiciéramos, porque lo que averiguamos cuando empezamos a buscar casos era que había muchísima gente dispuesta a compartir su historia con nosotros, pero siempre empezaban a compartirla diciendo: «Doctora Ross, compartiré algo contigo si me prometes que no se lo contarás a ningún otro ser humano». Se mostraban casi paranoicos al respecto. Porque cuando regresaban después de tener una experiencia gloriosa que para ellos era muy sagrada, muy privada, y la compartían con gente, siempre recibían una simpática palmadita en la espalda y las palabras: «Bueno, estabas bajo el efecto de los fármacos», o «Es muy normal que la gente alucine en momentos como éste».

También se les ponía etiquetas psiquiátricas con las que, claro está, se enfadaban mucho o se deprimían. Siempre necesitamos etiquetar las cosas que no entendemos. Hay muchas cosas que todavía no conocemos. Pero eso no significa que no existan.

Recopilamos estos casos no sólo en Estados Unidos sino también en Australia y Canadá. El paciente más joven es un niño de dos años, el mayor un hombre de noventa y siete. Tenemos personas de diferentes orígenes culturales y religiosos incluyendo esquimales, hawaianos autóctonos, aborígenes australianos, hindúes, budistas, protestantes, judíos y varias personas sin identificación religiosa, incluso algunos que se autodenominan agnósticos o ateos. Para nosotros era importante recopilar datos de la mayor diversidad posible de personas de distintos orígenes religiosos y culturales, pues queríamos estar muy seguros no sólo de que nuestro material no estuviera contaminado, sino de que se trataba de una experiencia singularmente *humana*, y de que no tenía nada que ver con un condicionamiento temprano, ya fuera religioso o de otro orden.

Es también relevante el hecho de que las personas tenían estas experiencias después de un accidente, de un intento de asesinato o de suicidio, o de una muerte lenta y prolongada. Más de la mitad de nuestros casos han sido experiencias de muerte repentina. En estos casos, los pacientes no han podido anticipar o prepararse para una experiencia.

Las personas que estéis preparadas para oír la verdad no tendréis que buscar mucho para conseguir vuestros propios casos. Si los niños intuyen vuestra motivación, compartirán su conocimiento libremente. Pero si vuestra actitud es negativa, lo intuirán muy rápido y no compartirán nada con vosotros. No exagero cuando os digo: Si podéis deshaceros de vuestra negatividad, entonces todo se abrirá ante vosotros y los pacientes lo intuirán, y compartirán su historia. Y descubriréis que os darán todos los conocimientos que necesitéis, para los que estáis preparados... pero no más. Y es verdad que algunos estáis en el instituto y algunos sólo estáis en el primer año escolar. Siempre conseguiréis lo que necesitáis, pero no siempre conseguiréis lo que queréis. Es una ley universal.

Decimos que no sois realmente vosotros, tal como os veis en el espejo y como os preocupáis cada día de que estáis demasiado gordos o demasiado planas de pecho o que tenéis tanta cadera o de que tenéis tantas arrugas. Eso es *totalmente* irrelevante. Sois hermosos porque sois vosotros mismos, porque sois únicos. Hay miles de millones de personas y no hay dos que sean iguales. Ni siquiera las trillizas. Yo soy una trilliza. *(Se ríe un poco.)*

En memoria de los niños de Auschwitz y Maidanek, usamos el modelo del capullo y la mariposa. Decimos que sois como el capullo de una mariposa. El capullo es lo que veis en el espejo. Es sólo el hogar temporal de vuestro *verdadero* ser. Cuando este capullo queda lesionado más allá de ninguna reparación posible, moriréis, y lo que sucede es que el capullo, que está creado por energía física, soltará —simbólicamente hablando— a la mariposa.

Tendréis la misma experiencia subjetiva de la muerte si la destrucción del capullo ha ocurrido a través de un homicidio, un suicidio, una muerte repentina o una muerte lenta y prolongada. La causa de la muerte no altera la experiencia subjetiva del momento de la muerte.

La parte inmortal de vuestro ser quedará liberada de vuestro caparazón físico. Lo que enterráis o incineráis no es vuestro ser, es sólo el capullo. Es muy importante comprender esto. Cuando trabajamos con niños pequeños, les contamos cómo sucede. En aquel momento seréis muy hermosos. Más hermosos de lo que os veis ahora. Seréis perfectos. Las mutilaciones como las mastectomías y las amputaciones no os seguirán en la muerte. Pero el cuerpo que tenéis ahora ya no estará creado por energía física sino por energía psíquica.

Los denominadores comunes

Compartiremos con vosotros los tres denominadores comunes que hemos encontrado.

Cuando abandonemos el cuerpo físico habrá una total ausencia de pánico, miedo o ansiedad. Tendremos una percepción global. La percepción es más elevada que la conciencia porque incluye además todo lo que sucede en el entorno donde nos hemos despojado de nuestro cuerpo físico: lo que piensan las personas a nuestro alrededor, las excusas que utilizan para engañarse a sí mismas, y cosas por el estilo.

Siempre experimentaremos una plenitud física. Percibiremos en su totalidad el entorno donde tenga lugar el accidente o la muerte, ya sea una habitación de hospital, nuestro propio dormitorio después de un infarto, o la escena de un accidente de coche o de avión. Percibiremos con bastante precisión a las personas que trabajan en el equipo de emergencias o de rescate mientras intentan extraer el cuerpo de un coche siniestrado. Lo observaremos todo desde una distancia de unos metros, en un estado mental bastante desafecto, si es que puedo usar la palabra «mental» pese a que en la mayoría de los casos ya no estemos conectados con la mente o con un cerebro activo en este momento. Todo esto ocurre en un momento en que el registro de ondas cerebrales no da señales de actividad cerebral y suele ser cuando los médicos no encuentran señales de vida.

Nuestro segundo cuerpo, que experimentamos en este momento, no es un cuerpo físico, sino un cuerpo etéreo, y luego hablaremos de las diferencias entre la energía física, psíquica y espiritual, que crean estas formas.

Es comprensible que muchos de nuestros pacientes que han sido resucitados con éxito no siempre se sientan agradecidos cuando su mariposa vuelve a quedar oprimida dentro del capullo. Con la revitalización de nuestras funciones corporales también debemos aceptar los dolores y las discapacidades que conlleva.

En el estado del cuerpo etéreo, no tenemos dolor ni discapacidades. Muchos colegas míos se preguntan si esta explicación no será sino una simple proyección de nuestros deseos más íntimos, lo que sería muy comprensible. Si una persona ha estado paralizada, muda, ciega o discapacitada durante muchos años, puede que anhele el momento en que se termine su sufrimiento. Pero es muy fácil establecer si se trata de una proyección de deseos íntimos o no.

En primer lugar, la mitad de nuestros casos han sido accidentes o experiencias de muerte próxima repentinos e inesperados, en los que la gente era incapaz de prever lo que iba a sucederles, como en el caso de uno de nuestros pacientes al que le amputaron las piernas en un accidente de coche del que huyó el conductor responsable. Cuando este paciente estaba fuera de su cuerpo físico, vio su pierna amputada en la carretera y al mismo tiempo percibía plenamente sus dos piernas en su cuerpo etéreo, perfecto e íntegro. Así que no podemos presuponer que tenía un conocimiento previo de la pérdida de sus piernas y que por tanto estaba proyectando, con sus deseos más íntimos, el ansia de volver a caminar.

En segundo lugar, hay también una forma mucho más sencilla de descartar los deseos íntimos como factor determinante. Se trata de pedir a personas ciegas que no tienen siquiera una percepción de la luz, que compartan con nosotros su experiencia de muerte próxima. Si no se tratara más que del cumplimiento de un sueño, estas personas no serían capaces de dar detalles exactos sobre su entorno.

Hemos entrevistado a varias personas totalmente ciegas que compartieron con nosotros la historia de su experiencia de muerte próxima. Estas personas pudieron contarnos quién entró primero en la habitación, quién trabajó en la resucitación y también fueron capaces de dar detalles minuciosos sobre el aspecto y la vestimenta de todas las personas presentes, algo que una persona totalmente ciega, víctima de sus deseos íntimos, jamás podría hacer.

Es importante que comprendáis que no me estoy refiriendo a la resurrección tal como se describe en las enseñanzas cristianas. El cuerpo que tenemos durante una experiencia de muerte próxima es una forma muy temporal, creada a partir de nuestra energía psíquica para ayudarnos a que la experiencia de la muerte sea un encuentro agradable y no una experiencia aterradora y horripilante.

Cuando hayamos pasado por algo que simboliza una transición —es un aspecto que está culturalmente determinado y puede ser una puerta o un puente o un túnel— empezaremos a ver una luz. Es una luz que va más allá de cualquier explicación. Es más blanca que el blanco, más luminosa que la luz, y cuando nos acerquemos a ella, nos veremos completamente envueltos en un amor incondicional. Si alguna vez experimentamos esto, nunca jamás volveremos a tenerle miedo a la muerte. La muerte no es aterradora. El problema estriba en lo que hacemos con la vida.

La gente que ha visto esta luz alcanza, durante una fracción de momento, el conocimiento *pleno*. Desgraciadamente, si tienen que volver —cuando se trata de una experiencia de muerte *próxima*—, olvidarán una gran parte de su experiencia. Pero muchos recuerdan que la única cosa de que deberíamos ser conscientes es que nuestra vida entera es nuestra propia responsabilidad, que no podemos criticar ni culpar ni juzgar ni odiar. Nosotros, y sólo nosotros, somos responsables de la suma total de nuestra vida física. Esa conciencia cambia muchas de nuestras prioridades.

En la presencia de esta luz increíble, que la gente llama «Cristo» o «Dios» o «Amor» o «Luz», dependiendo de dónde sean, se nos hará responsables de todo lo que hayamos hecho. Y entonces comprenderemos las muchas veces que no hemos optado por la alternativa superior y cómo hemos sufrido las consecuencias de nuestras opciones.

Aquí sabremos que lo único que importa es el amor. Todo lo demás, nuestros logros, nuestros títulos, el dinero que hemos ganado, cuántos abrigos de visón tenemos, es totalmente irrelevante. También se comprenderá que *lo que* hacemos no es importante. Lo único que importa es *cómo* hacemos lo que hacemos. Y lo único que importa es que lo hagamos con amor.

En este amor total e incondicional, tendremos que revisar no sólo cada uno de los actos de nuestra vida, sino también cada pensamiento y cada palabra de toda nuestra existencia. Y tendremos un conocimiento pleno. Eso significa que sabremos cómo cada pensamiento, palabra, acto y opción durante nuestra vida ha afectado a los demás. Nuestra vida es literalmente nada más que una escuela, donde se nos pone a prueba, donde pasamos por el molino. Y es *nuestra* decisión, y decisión de nadie más, a saber, si saldremos del molino, machacados o pulidos.

*

Se pueden recoger miles de casos de experiencias de muerte próxima... si hace falta. Pero nosotros nos dimos cuenta en lo más íntimo de que no es necesario hacerlo. Porque aquellos que quieren creer, creerán; aquellos que quieren saber, descubrirán —si lo desean—, y aquellos que no están preparados para ello —si tenéis ciento cincuenta mil casos, encontrarán ciento cincuenta mil racionalizaciones. Y ése es su problema.

Lo que necesito decir antes de terminar es que el primer libro de Moody, *Life after life,** que es el único correcto, es útil, pero no os contará de qué va la muerte, porque son todo experiencias de muerte *próxima*.

Después de despojarnos de nuestro cuerpo físico, que es energía *física*, creamos un cuerpo secundario y perfecto —lo que significa sin ceguera, sin amputaciones, sin mastectomías, sin defectos—, con energía *psíquica*, creada por el hombre y manipulada por el hombre, por nuestra mente.

Cuando estamos permanentemente muertos, si se puede usar ese término tan espantoso, irreversiblemente muertos, entonces adoptamos una forma diferente que es la forma que tenemos antes del nacimiento y después de la muerte. Y es entonces cuando, usando el lenguaje de Moody, atravesamos el túnel hacia la luz. Esa luz pura es energía *espiritual*. La energía espiritual es la única forma de energía en este Universo que no puede ser manipulada por el hombre.

Las personas que queréis investigar en este campo o estudiar la conciencia superior o queréis entender más a fondo el intrincado diseño de la vida tenéis que aprender dos cosas esenciales. La primera es la diferencia entre *real* y *realidad*. Y la segunda es las diferencias entre las energías física, psíquica y espiritual. Porque leeréis documentos elaborados por científicos que comparten con vosotros la creencia de la existencia de Satanás y del Infierno y de pesadillas pesadillescas y ate-

* *La vida después de la vida*, EDAF, 1984

94

rrorizantes y muy reales. Esas pesadillas son *reales* pero no son *realidad*. Son proyecciones de los propios temores y son muy reales aunque no realidad.

La energía psíquica es, como he dicho, una creación del hombre. Está concebida como un don, y es asunto vuestro convertir este don en pesadillas y cosas feas y negativas, o bien en bendiciones. Usad vuestra energía psíquica para aprender a sanar y no la uséis para destruir.

La muerte con vudú es un ejemplo clásico de energía psíquica empleada para matar a aquellos que le tienen miedo a la maldición vudú. Puedo matar a cualquier persona, si lo deseo, con energía psíquica, con una muerte vudú, si esta persona le tiene miedo al vudú. Pero por otro lado, si todos vosotros me lanzarais una maldición con vuestra propia energía psíquica, que es muy poderosa, toda la energía psíquica en esta sala no podría tocarme mientras yo no le tenga ningún miedo al vudú. La negatividad sólo puede nutrirse de la negatividad. Criad a vuestros hijos sin miedo, sin culpa y ayudadlos a deshacerse del Hitler que albergan en su interior, para que podáis crear madres Teresa.

Si volvéis a ser honestos y os volvéis como niños, aprenderéis que lo único que hace falta es mirarse con honestidad a uno mismo y a su propia negatividad. Si tenéis el coraje de deshaceros de esa negatividad, entonces viviréis con plenitud, y aprenderéis el amor incondicional y la disciplina. Al practicarlo y aprenderlo, podréis enseñárselo y transmitírselo a vuestros hijos.

Creo que Richard Allen lo expresó de forma muy hermosa cuando resumió no su propia vida sino la vida de su padre. Su padre era para él un ejemplo de un hombre que había empezado de una manera muy negativa y que había luchado para deshacerse de su propia negatividad y de su actitud juzgadora y que se convirtió en un ser de amor total e incondicional, capaz de transmitírselo a sus hijos y a los hijos de sus hijos. Al final de su vida, Richard escribió este poema sobre el sentido de la vida.

Cuando amas, dale todo lo que tengas.
Y cuando hayas llegado a tu límite, dale más,
y olvida el dolor de ello.
Porque frente a tu muerte
es sólo el amor que hayas dado y recibido
lo que contará,
y todo lo demás:
los logros, la lucha, las peleas
quedará olvidado en tu reflexión.
Y si has amado bien
entonces todo habrá merecido la pena.
Y el gozo que encontréis en ello os durará hasta el final.
Pero si no lo habéis hecho,
la muerte siempre llegará demasiado pronto
y afrontarla será demasiado terrible.

Quisiera terminar con una oración que es muy interconfesional porque fue escrita por indios americanos para mostrarnos que todos somos hermanos y hermanas. Es un poema escrito hace cientos de años. Es tan verdad hoy como lo será dentro de miles de años en el futuro.

Déjame caminar en la belleza
y que mis ojos contemplen siempre
la puesta de sol roja y violeta.
Deja que mis manos respeten las cosas que has hecho,
y afina mis oídos para escuchar tu voz.
Hazme sabia para que pueda comprender
las cosas que has enseñado a mi pueblo.
Déjame aprender las lecciones que has ocultado
en cada hoja y roca.
Aspiro a la fuerza
no para ser superior a mi hermano
sino para luchar contra mi mayor enemigo:
yo misma.
Déjame estar siempre preparada para venir a ti

con manos limpias y ojos directos.
Para que cuando se desvanezca la luz
como una puesta de sol desvaneciente
mi espíritu pueda venir a ti sin culpa.

Gracias.

Estocolmo, 1981

Sanar al finalizar este siglo

Es muy conmovedor... ver que tanta gente está preparada... para las muchas cosas nuevas que vendrán.

Vivimos una época tan emocionante, en la que surgen tantas cosas nuevas...

Mucha gente que no entiende lo que hacemos, dice que estamos locos, o que hemos perdido nuestro asidero sobre la realidad, o nos ponen etiquetas de lo más divertidas. Y si os colocan alguna de estas etiquetas, consideradlo como una bendición *(silencio sorprendido y luego risas cálidas y aplausos)*, ¡consideradlo como una bendición!

En mi despacho tengo un cartel precioso que dice: «Para evitar las críticas: no digas nada, no hagas nada, no seas nada». La gente tiene esta opción. Las personas que estáis en este público no pertenecéis a ese grupo. Pero eso no os hace superiores; espero que también esto lo escuchéis. Porque un muchacho que va al instituto no se burlaría de un hermano que va al parvulario.

Empezamos a ver que la vida en su forma física no es sino una escuela donde aprendemos, donde crecemos, donde tenemos que pasar muchas pruebas. A medida que avanzamos en la evolución, más difíciles se hacen las pruebas. Y entonces empezaremos a entender también que nadie es maestro, que nadie es alumno. Sólo somos alumnos en distintos niveles.

¿Por qué digo todo esto? Cuando oigo comentarios como: «el cerebro normal limita nuestra conciencia», lo único que puedo anotar es: «¡Gracias a Dios!». *(Silencio sorprendido del público.)* Y me embarga una sensación más honda de admiración hacia Dios, que conocía tan bien al hombre que creó para él un cerebro que lo limita. Porque si el cerebro no tuviera limitaciones, no podríamos con todo, no seríamos capaces de abarcarlo todo.

Es como si de repente un hombre fuera capaz de permanecer en un orgasmo durante veinticuatro horas: ¿quién fregaría los platos? *(Carcajadas y aplausos.)* No lo digo en broma... *(Más risas.)*

Para mí, el hecho de ser un ser humano es un regalo. Antes de comenzar, ha venido a verme a mi habitación alguien con un bebé de tres semanas; cuando yo contemplo a estos bebés me digo: «¡Qué milagro!», Quiero decir, aquí en Washington ahora mismo, nos hemos juntado un montón de cerebros: ¿cuántos seríais capaces de recrear algo así como este bebé, aunque tuvierais cien mil millones de dólares? Nadie podría crearlo de nuevo: nadie.

Vivo mi vida, sin teorías acerca de una conciencia superior, dedicada a sanar a seres humanos que viven muy a ras de suelo. Pero si no hubiera estado del otro lado en mi propia experiencia fuera del cuerpo, no sería capaz de hacer lo que hago. Jamás podría estar con niños en fase terminal, con los padres de niños asesinados, con la madre que salió al porche a buscar la botella de leche y volvió para encontrar que sus tres hijos habían recibido un disparo en la nuca; con una pareja que en seis meses perdió a todos sus hijos enfermos de cáncer, con un joven médico que vio cómo su padre se iba volviendo senil a causa de la enfermedad de Huntington y luego moría a los cuarenta años. Él lo acompañó así durante largos años, preguntándose: «¿Seré yo uno del cincuenta por ciento de la familia que también padecerá este mal?» y luego también desarrolló los síntomas y contemplaba a sus hijos en edad preescolar, sabiendo que en cuestión de tres años estaría como su padre algunos años antes de su muerte. Y la única solución parece el suicidio.

Yo jamás podría trabajar dieciocho horas al día, siete días a la semana, viviendo la angustia y la agonía, el dolor y el horror, si no fuera capaz de ver además la otra cara de la moneda. Y si la gente empezara a tener conciencia del sentido de la vida, e incluso del sentido del dolor, y del sentido también de las tragedias —y del increíble milagro de la vida humana— lo agradecería cada día, y no sólo las alegrías y sus momentos álgidos sino, sobre todo, tal vez las épocas más difíciles.

La mujer paralizada

Recibí una llamada telefónica hace un tiempo de una joven enfermera que, por amor y respeto, le había prometido a su madre que la llevaría a casa para morir si alguna vez se convertía en algo así como un vegetal, o si se volvía dependiente de las máquinas, porque según lo definían ellas, eso ya no sería vida. Se hicieron mutuamente la promesa de vivir y amar al máximo mientras estuvieran en sus cuerpos físicos. Le pregunté la razón de su llamada y me dijo: «Sólo quería pedirte un pequeño favor, que hables con mi madre, porque hoy es probablemente el último día en que pueda hablar».

Su madre padecía una enfermedad neurológica que empeoraba rápidamente y veían cómo avanzaba día a día, desde los pies hacia arriba, sabiendo casi con certeza el día en que no podría volver a hablar y luego el día en que no podría respirar. Antes de esa fecha, tendría que decidir si quería existir con el apoyo de un «respirador» o simplemente morir. Aquél era el último día que sería capaz de hablar.

Pensé que era un favor muy sencillo, así que dije: «Claro, ponle a tu madre el auricular junto al oído». Se lo puso y la madre intentó hablar y yo no entendí nada en absoluto de lo que intentaba decirme. Por teléfono era totalmente imposible; si vives con la persona es más fácil. Es muy importante que seamos sinceros, que no finjamos entender a los niños o a los pacientes cuando no es así.

Así que le dije a la hija: «No sé de qué me habla, pero tiene asuntos pendientes muy importantes y necesita compartirlos. Por desgracia, estoy a punto de irme a Europa». Y le pregunté de forma impulsiva: «¿Vives muy lejos?». Ella respondió: «A cuatro horas de donde estás tú ahora». Yo dije: «Lástima. Si fueran tres horas, podría ir y volver en seis horas para traerte la "tabla de palabras" que hemos compuesto para ocasiones como la tuya.* Ocho horas es imposible. Tengo que tomar el avión». Y entonces, siendo impulsiva como soy, le dije: «Pero creo en los milagros. Si necesito ver a tu madre podré verla. Una posibilidad es que la pongas en una furgoneta (estaba paralizada hasta el cuello), y tomes la carretera en dirección hacia donde vivo, yo iré en el otro sentido y podemos hacer una "consulta en el cruce"». (Risas.) No se me ocurre un término mejor, pero lo hago siempre. Funciona, si se te da bien la geografía.

Y esta chica joven, que era enfermera, dijo: «¡Yo también creo en los milagros. La casa de mi madre está al otro extremo de Los Ángeles, te la traigo y llegarás con tiempo suficiente para tomar el avión a Suiza!».

Lo único que necesitaba era encontrar a un amigo que no le tuviera miedo a la policía (risas) y que fuera capaz de llegar a toda velocidad a Los Ángeles. Subimos a un coche y llegamos casi volando a la ciudad.

Entré en la casa de esta mujer. Y ya sabéis cómo proyectamos nuestras expectativas. Yo esperaba ver a una mujer de cincuenta y cinco años, la misma edad que tenía yo en esa época, tendida en la cama, paralizada hasta el cuello, deprimida, desgraciada e infeliz. Y al entrar vi que tenía la cara iluminada por una gran sonrisa.

Intenté hablar con ella y deducir lo que quería decirme. Esto es lo que me decía: quería darme las gracias por ayudar a que ella pudiera morir en casa. Su hija la había llevado a casa y, de no haber sido por una de mis charlas, ahora estaría viviendo con el apoyo de un «respirador», aunque eso no ha-

* Luciérnaga la tradujo al castellano y la envía si se la solicitan. (N. del E.)

bría sido una pesadilla tan espantosa como en extremo desagradable. Pero de haber sido así, le habría sido arrebatado el regalo más maravilloso de su vida: la presencia de su nieta recién nacida llegada al mundo doce semanas antes. Me dijo: «No habríamos podido vernos nunca la niña y yo porque en los hospitales todavía cuelgan esos carteles de "Se prohíbe la entrada a los niños"».

Quería darme las gracias. Yo le dije: «Cuéntame cómo te sentías para que se lo pueda contar a otras personas, cómo te sentías aquella noche en que supiste que a la mañana siguiente ya no podrías mover los brazos ni los dedos. ¿Cómo te sentías? Hace unos cuantos meses podías pasear por el jardín y ocuparte de todo». (Ahora, estaba literalmente muerta hasta el cuello.)

Y de nuevo, en lugar de poner cara larga, triste, trágica, de ahogarse en una autocompasión muy comprensible, esbozó una sonrisa aún más grande (¡se comunicaba exclusivamente con la ayuda de una pantalla!): «Tengo que contarte lo que pasó. Porque la mañana que desperté con los brazos paralizados, lo tenía todo paralizado hasta la barbilla. Mi hija se dio cuenta de la situación y entró en mi habitación. Muy silenciosamente, puso a su bebé de tres meses en mis brazos paralizados. Y yo me quedé así, contemplándola. De pronto, la niña alzó sus brazos y descubrió los dedos de mis manos. Yo me dije: "Qué bendición más increíble. Yo que los he tenido durante cincuenta y cinco años y ahora se lo puedo ofrecer a mi nieta para que juegue"».

Entonces empezó a babear y yo, que soy muy mala para estas cosas, exclamé: «¡Mira cómo babeas! ¡Ufff! Estoy segura de que hace unos meses no te habría gustado que una visita te viera babeando de esta manera». Y ella se rió y dijo: «Tienes toda la razón, maldita sea. Hace unos meses no hubiera querido que nadie me viera así. Pero ¿sabes qué? Ahora babeamos las dos juntas y nos reímos mucho». (*Risas del público.*)

*

En resumidas cuentas, lo que intento compartir con vosotros es que no apreciáis los regalos que tenéis. Sois muy pocos los que apreciáis el hecho de poder ir al lavabo, de caminar, de bailar, que podéis cantar, que podéis reír. ¿Tenéis que esperar a perderlo para entonces celebrar lo que tuvisteis en el pasado?

Si lograrais una conciencia superior, ¿os dais cuenta de que podríais tener siempre cuanto ya poseéis?

Es muy sencillo. Todos y cualquiera de nosotros somos capaces de sanar. Todos y cualquiera de nosotros podemos alcanzar una conciencia superior en toda su plenitud. Y no hace falta que hagáis nada, salvo apreciar lo que tenéis y deshaceros de las cosas que os impiden apreciarlo plenamente. Y os diré cómo hacerlo con un lenguaje muy sencillo y práctico.

No busquéis gurúes. Los verdaderos maestros en la vida son las personas más insólitas del mundo.

En la época en que empecé mi trabajo sobre la preparación a la muerte en la Universidad de Chicago, yo era sin duda una *persona non grata*. La gente me escupía y me humillaba en público porque era una médica que intentaba trabajar con pacientes en fase terminal. Fue muy difícil y muy doloroso y muy duro y estaba muy sola *(con apenas un asomo de dolor en la voz)*. Me llamaban «la b.. la bui.. la buitre...».

Cuando estás muy sola, muy aislada, y caminas sobre hielo, tienes que andarte con mucho cuidado, tienes que saber exactamente hasta dónde puedes llegar antes de que se rompa el hielo. Es, literalmente, una cuestión de ser o no ser. Si vas demasiado rápido demasiado pronto, pierdes todo lo que has ganado. Esto también es cierto para cuando intentas compartir con otra gente tu experiencia de una conciencia de nivel superior. Si no estás segura, avanza lento. Y si todavía no estás segura, entonces quédate callada. Porque sólo significa que aquellos que te escuchan aún no están preparados para ello. ¡Y eso está bien!

Fue muy difícil. No tenía a nadie que me apoyara. Me encontraba en una situación vital muy difícil y precaria, con el único apoyo que me prodigaban los pacientes. Ellos me dieron el mensaje: estás donde tienes que estar, sigue adelante. Un paciente me daba sustento hasta llegar al siguiente, y éste, a su vez, para llegar al siguiente. Durante esa época tan vulnerable me convertí en una psiquiatra muy buena porque me volví muy alerta y sensible a las personas en las que podía confiar y a aquellas con las que debía ir muy lentamente.

En aquellos tiempos, cuando me sentía muy sola, necesitaba mucho incentivo moral. Los capellanes del hospital aún no se habían asociado y yo estaba ahí sola, salvo una mujer, una mujer negra que hacía la limpieza.

Mi gran maestra: la mujer negra de la limpieza*

Aquella mujer negra de la limpieza fue mi mejor maestra. Tendré que atribuirle el mérito por lo que he aprendido mientras viva. *Ella* es quien merece el reconocimiento. Y no sabe lo mucho que hizo.

Esta mujer negra que hacía la limpieza en el hospital universitario tenía un don que yo no conseguía entender. Era inculta, nunca había ido al instituto y, por supuesto, no tenía ninguna competencia académica. Pero tenía algo, y yo no sabía lo que era. Me moría por saber qué demonios hacía con mis pacientes. Cada vez que entraba en la sala de alguno de mis pacientes en fase terminal, sucedía algo en esa habitación. Y yo habría dado un millón de dólares por conocer el secreto de aquella mujer.

Un día la vi en el pasillo. Me dije: «Siempre les digo a los estudiantes de medicina que si tienen alguna pregunta: ¡por

---

* Desde que tuve la primera embolia, no puedo recordar el nombre de esta mujer ni de tantas otras personas importantes en mi vida.

Dios que la hagan!», así que me di un buen empujón y me acerqué a ella con paso ligero. Le pregunté, un poco precipitadamente: «¿Qué estás haciendo con mis pacientes moribundos?». (*Risas del público.*)

Como era de esperar, se puso furiosa, muy a la defensiva, y me respondió: «No les estoy haciendo nada, sólo limpio la habitación». (*Sonrisas entre el público.*) Yo venía de Suiza, así que no entendía que una mujer negra de limpieza pudiera tener después problemas por hablar con una profesora de psiquiatría blanca.

Le dije: «No me refiero a eso». Pero no se fiaba de mí y se alejó.

Pasamos varias semanas vigilándonos mutuamente. (*Risas.*) ¿Sabéis lo que significa vigilar? Es el ejemplo más sencillo de lenguaje simbólico no verbal. Es lo que hacen las personas que intentan conocerse, que intentan descubrir quién eres de verdad, no por lo que llevas ni por tu aspecto externo.

Al cabo de varias semanas de vigilarnos de esta manera, ella tuvo el coraje de cogerme y arrastrarme hasta un cuarto trastero detrás del mostrador de enfermería. Allí me habló con el corazón y el alma en la mano y me contó una historia muy dramática, que para mí no tenía nada que ver con mi pregunta, además de superar totalmente mi capacidad de comprensión intelectual. En esa época, no tenía ni idea de lo que estaba pasando.

Me contó que había crecido en la calle 63, en un barrio malo, muy malo y pobre. Sin comida, con niños muy enfermos, sin medicamentos. En una ocasión, estuvo sentada en el hospital del condado con su hijo de tres años en el regazo, esperando largas horas a que llegara el médico, desesperada, viendo cómo su niño se moría de pulmonía en sus brazos.

Y lo interesante de esta mujer es que compartió todo el dolor y la angustia sin odio, sin resentimiento, sin rabia y sin negatividad. En aquellos tiempos, yo era muy ingenua y ya me estaba preparando para decirle: «¿Por qué me cuentas todo esto? ¿Qué tiene que ver con mis pacientes en fase terminal?». Y como si ella supiera lo que estaba pensando, dijo: «Verá, doctora Ross, la muerte ya no me es extraña. Es como un viejo conocido, muy viejo. Ya no le tengo miedo. A veces, cuando entro en la sala de sus pacientes moribundos, me parecen tan asustados... No puedo más que acercarme a ellos y tocarlos y decirles solamente: "No es tan grave"».

De no haber sido por esta mujer —y lo digo desde el fondo de mi corazón en el sentido más estricto—, de no haber sido por esta mujer, creo que no habría durado en aquel hospital. Esto es lo que intento transmitiros cuando os digo: ¡No busquéis un gurú! Vuestros maestros van disfrazados. Os llegan en forma de niños, llegan en forma de abuelas ancianas y seniles, y llegan en forma de mujer negra de la limpieza como me sucedió a mí.

Esta mujer no sabe quién es. Y no sabe el papel que ha desempeñado y las muchas vidas que ha transformado a consecuencia de sus decisiones. No importa lo que hagáis en la vida. Lo único que importa es que, hagáis lo que hagáis, sea con amor.

A esta mujer le ofrecí un ascenso y se convirtió en mi primera ayudante, pese a la consternación de mis colegas académicos. *(Risas y aplausos.)* Porque lo que esta mujer... *(Elisabeth se interrumpe, se vuelve hacia el público y, en tono muy suave, dice:)* Si podéis, sed sinceros: ¿cuántos habéis aplaudido por hostilidad? *(Silencio sorprendido del público.)*

¿Cuántos habéis aplaudido con hostilidad? *(Silencio continuado del público.)*

¿Es una hostilidad *contra* los médicos y contra el sistema? *(Aplausos y risas intermitentes y, finalmente, un «¡Bravo!».)* ¡Sí! Mientras sigáis así, sois responsables de que las cosas no mejoren. *(Aplausos poco convencidos, intermitentes. Sigue en tono muy suave.)* Es muy importante que aprendáis esto. Maldecimos, ponemos en duda, juzgamos y criticamos, y siempre que juzgamos o criticamos, añadimos negatividad al mundo.

¿Por qué un muchacho del instituto habría de burlarse de un párvulo? Haceos esta pregunta. ¿Entendisteis lo que os he dicho antes? Sólo la arrogancia impulsa a la gente a actuar así. ¿Me explico?

Si queréis *sanar* al mundo, es sumamente importante que entendáis que *no podéis sanar al mundo sin antes sanaros vosotros mismos.* Cuando insultáis y juzgáis y criticáis a alguien, *vosotros* sois los responsables de un Hiroshima, Nagasaki, Vietnam, Maidanek, o de un Auschwitz. Y lo digo literalmente.

En mis seminarios o talleres sobre la preparación a la muerte —apartándome un poco del tema por un momento—, incluíamos pacientes en fase terminal seleccionados al azar. Yo era novata, contaba con que mis pacientes serían los profesores, ¡y que Dios me libre de quedarme diez minutos sin un paciente! No habría sabido qué decir. Eso fue hace diez mil años. *(Risas.)* En realidad, fue hace sólo trece años.

Un día, mi paciente se murió diez minutos antes del seminario y yo tenía por delante una clase de dos horas sin nada que decir. Y era novata, quiero decir una novata de verdad. De camino a la clase, paraba mentalmente a todo el mundo por el pasillo y les decía: «Por favor, ayúdenme. ¿Qué hago durante estas dos horas? ¿Cancelo la clase, sin más?». Pero, no podía hacerlo, porque el público llegaba de muy lejos.

Luego, arriba, en el escenario, cuando por fin llegó el temido momento, me encontré delante de ochenta estudiantes y sin paciente. Ese momento fue uno de los huracanes de mi vida, y resultó ser una de las lecciones más importantes de mi enseñanza sobre la preparación a la muerte.

Ante este grupo heterogéneo de estudiantes de medicina y de teología, de terapeutas ocupacionales y recreativos, enfermeras, capellanes y rabinos, planteé la siguiente pregunta: «¿Saben ustedes?: ¡hoy no tenemos paciente! ¿Por qué no examinamos el problema más grande que tenemos aquí en esta facultad de medicina y luego lo analizamos en lugar de hablar sobre el paciente?». Me pregunté qué podría ser de aquel grupo. Era un tiro al aire para rellenar las dos horas de clase. La sorpresa fue mía, cuando eligieron como tema al jefe de uno de los departamentos donde, por lo general, morían todos los pacientes.

El problema de este médico era que su formación había sido como la de todos nosotros: curar, tratar de alargar la vida, pero nunca había recibido más ayuda que ésa. Y se le morían todos los pacientes.

Sus pacientes estaban llenos de metástasis y sentían crecer los tumores, cada vez más grandes. Y él había desarrollado una actitud tan defensiva que se pasó al otro extremo. Les decía que no tenían cáncer, y que la sensación de estar enfermos era producto de su imaginación.

Lo hizo hasta tal punto que muchos de sus pacientes pidieron ver a un psiquiatra, porque si todo eso era producto de su mente, necesitaban una ayuda psiquiátrica.

Yo estaba a cargo del servicio de psicosomática. Mi cometido era ayudar a estos pacientes a deshacerse del temor de estar llenos de cáncer. Creo que os dais cuenta del terrible conflicto que tenía *yo* a causa de este señor. *Yo* no podía decirles: «No sois vosotros sino vuestro médico el que necesita un psiquiatra». Claro que no podía hacerlo. *Nunca podréis ayudar a alguien, denigrando a otro. (Silencio del público.)*

Y en una institución tienes que tener cierto grado de solidaridad, así que no podía decirle a este médico cuál era su problema...

Así que éste era el médico que eligieron como problema. Y entonces yo no supe qué hacer con eso. Estaba arriba en ese escenario con ochenta personas mirándome fijamente, y pensé: «Y ahora, ¿qué voy a hacer?».

Les dije que yo... con este hombre... no puedes ayudar a alguien si te sientes bloqueado de tanta negatividad que tienes hacia él. Tiene que haber cierta compasión o comprensión o amor, o al menos comprensión o que te guste la persona a fin de poderle ayudar. Pero si te sientes tan negativo hacia él que serías capaz de estrangularlo —y a mí me habría encantado estrangularlo mil veces—, no serás capaz de ayudarlo. Así que les dije que éste sería un paciente que yo podría aceptar como psiquiatra.

Y entonces, ante este grupo compuesto de capellanes, rabinos, médicos, enfermeras, todos ellos profesionales dedicados a ayudar al prójimo, planteé la siguiente pregunta: «¿A quién de este grupo le gusta este señor? ¿Podríais levantar la mano los que le tenéis aprecio?». ¡*Nadie* levantó la mano!

Y yo me desesperé tanto que me quedé mirándolos y dije: «¿A nadie le gusta, ni siquiera un poquito?». En ese momento, una joven alzó la mano. Y sin darme cuenta debí de abalanzarme contra esa pobre enfermera, creo... *(risas del público)* porque la miré y le dije: «¿Estás enferma?». *(Carcajadas del público.)* Recordad que en aquellos tiempos yo creía que había que estar enfermo para que te gustara un hombre así.

Luego tuvimos una discusión increíble sobre el hecho de que somos todos muy discriminatorios porque tenemos tanto amor y ternura y compasión sólo para los pacientes en fase terminal. Aunque si ofreciéramos sólo un centímetro de ese amor a nuestros compañeros sería maravilloso. Si yo pudiera ser tan generosa y amable y comprensiva con los espantosos médicos con los que tengo que trabajar *(¡ningún aplauso!)*, quizá podríamos provocar algunos cambios.

Le pregunté a esta enfermera: «¿Por qué a ti, de todas las personas aquí presentes, te gusta ese hombre?». Quiero decir, no había nada que pudiera gustar de ese señor —en lo que a mí se refería— según mi propia actitud crítica de antaño.

Esta joven enfermera estaba bastante seria. Se puso de pie y... con mucha tranquilidad, sin arrogancia ni ánimo de lucirse, bajó la vista —muy modesta y humilde— y luego nos miró a todos y dijo: «No conocéis a ese hombre. No conocéis a esa persona». Y yo tuve ganas de decir: «¡Sí, he trabajado con él!». Pero no lo dije. Me esforcé simplemente en escuchar con atención lo que esta mujer quería decir, porque debía de saber algo sobre él que yo no sabía. Y así fue y lo compartió con nosotros.

Dijo: «No lo entendéis. Yo estoy ahí de noche, él siempre va a hacer sus rondas de noche, cuando todos los demás ya se han ido, él va y hace sus visitas. Llega con ese aire tan arrogante. Entra así, como un gran jefe, entra en la sala de un paciente y, cuando sale, se le cae la cara. Luego entra en la siguiente sala, y cuando sale tiene la cara aún más larga. Cuando sale de la última sala, tiene la expresión de estar totalmente hundido».

Ella compartía la angustia física de ese hombre y hablaba de cómo, al llegar al mostrador de enfermería después de la ronda, aparecía de nuevo como un ser humano totalmente destrozado. Y prosiguió: «Esto ocurre una noche tras otra. A veces tengo el impulso increíble de acercarme a él, tocarle y decirle: "¡Dios mío, debe de ser tan difícil...!". Pero, naturalmente, la jerarquía médica no me lo permite».

Así que le pregunté: «¿Por qué no? Si puedes dejar de pensar por un momento y permitir que hable tu intuición para hacer lo que hay que hacer, lo que te salga, sin valorar ni juzgar ni criticar con esto (indicando el cuadrante intelectual), la mente, si haces lo que te sale, entonces tal vez puedas ayudar a ese hombre. Y si ayudas a un hombre, ayudarás a miles y miles de personas».

Cuando hubo terminado, ¡todo el mundo sentía tanto amor y compasión por ese miserable! Yo sentía vergüenza.

Luego tuvimos una discusión muy acalorada en aquella sala con ochenta personas de muchos niveles profesionales diferentes. Y dijimos lo que sabíamos... lo que sabíamos de verdad: que no queríamos simplemente pasarle el bulto, sabíamos que esa enfermera sería la única persona capaz de ayudar a ese médico.

Y ella reaccionó de manera predecible, como solían actuar hace treinta años, aunque algunos siguen actuando igual: «Ah, si sólo soy una enfermera y ese hombre es un jefe». Y nosotros le dijimos: «Es totalmente irrelevante quién seas en lo que a nivel académico se refiere. Porque tienes un asomo de amor hacia esa persona. Tú serás la que pueda ayudarle». Ella respondió: «No puedo hacerlo, no puedo hacerlo».

Al final de la clase —es quizás una de las mejores clases que he dado en mi vida porque *yo* aprendí mucho— dijimos: «Si alguna vez vuelves a tener ganas, puedes acercarte a él y tocarle. Nadie espera que abraces al jefe, pero tócalo, sin más. Y dile lo que te salga». Ella no prometió nada. Dijo: «Lo intentaré». Y lo dejamos así.

Tres días después, entró alguien corriendo a mi despacho —por suerte, estaba sola—, riendo y llorando y gritando: «Lo he hecho, lo he hecho, lo he hecho».

No tenía ni idea de quién era. *(Risas del público.)* No tenía ni idea de lo que había hecho. Pensé que se había vuelto loca. De pronto, la reconocí y ella compartió su historia conmigo.

Aquella misma noche había vuelto a ver al doctor, intentándolo dos noches seguidas, pero no se atrevió. Y la tercera noche, al salir él de la última sala en la que había un joven paciente de cáncer en fase terminal, ella recordó el compromiso que había contraído, empezó a sentir la interferencia de su cuadrante intelectual y pensó: «Es algo que no hay que hacer». Y luego dijo: «No, he prometido no pensar».

Así que antes de empezar a pensar, se dejó llevar por su cuadrante intuitivo, espiritual. Me comentó: «Simplemente, me acerqué a él y alargué el brazo, ni siquiera físicamente... Creo que ni siquiera lo toqué. Y le dije: "¡Dios mío, debe de ser tan difícil!"».

Él empezó a sollozar y a llorar y la llevó a su despacho, y con la cabeza hundida en los brazos, se vació de todo su dolor, su amargura, su angustia, y compartió con ella más de lo que probablemente había compartido jamás con ningún otro ser humano. Le habló de cómo, durante muchos años, sus amigos ya se ganaban la vida mientras él seguía con sus estudios; de cómo hizo su especialización; de cómo se había sacrificado; de cómo no había salido con mujeres y de cómo había optado por una especialización en la que realmente creía que podría ayudar a alguien. Al final de todo lo que compartió con ella, dijo: «Y ahora soy jefe de un departamento donde se me mueren todos y cada uno de mis pacientes». Una impotencia absoluta. ¿Merecía la pena sacrificar su felicidad personal, sus relaciones, para eso?

Ella sólo tuvo que escuchar.

¿Entendéis? ¿Cómo atreverse a denigrar a un hombre así?

Esa enfermera tuvo el coraje de ser ella misma, de no pensar en lo que debía hacer estando en un nivel inferior mientras el otro estaba allá arriba; por eso y porque somos todos hermanos y hermanas, ella fue capaz durante un par de minutos de tratarlo como a un ser humano, no como al doctor «Jefe de Sala de Terminales», sino como a un ser humano que tiene los mismos sentimientos que tenemos todos.

Al cabo de un año, este señor pidió acceder a mi consulta, pero sólo por teléfono para que no lo supiera nadie. Antes, jamás había pedido una consulta en el servicio psiquiátrico porque era demasiado arrogante para reconocer que necesitaba ayuda. Tres o cuatro años después, pidió consultas regulares como todo el mundo. Y con el tiempo se fue convirtiendo en un hombre muy humilde y comprensivo que mostraba una enorme compasión hacia sus pacientes.

Creo que aquello lo habría matado, lo habría quemado si no hubiera pedido ayuda.

Así que es posible hacerlo incluso con un desgraciado como él. Sólo hace falta encontrar a la enfermera idónea. Y por supuesto, no hace falta ser enfermera. Y nadie es demasiado joven para ayudar. Espero que me escuchéis bien.

¿Cuántos habéis odiado, hasta acudir a este taller, a alguno de vuestros médicos? *(Silencio del público.)* Hay que ser muy sinceros. Cada vez que le ponéis a alguien la etiqueta de desgraciado o la palabra que sea, aumentáis la negatividad de aquella persona. Y en general son las enfermeras las responsables de que los médicos sean tan insoportables. Me estoy refiriendo únicamente a los médicos insoportables, pues naturalmente, hay algunos buenos. ¿Entendéis por qué lo digo?

Porque si de entrada un médico se siente inseguro —y por ello cree que tiene que enfadarse mucho y comportarse como un jefe—, y si trabaja en una unidad en la que hay diez enfermeras que lo odian a muerte, él captará esta negatividad, y eso, a su vez, contribuirá a aumentar su inseguridad, cosa que hace que se vuelva diez veces más arrogante. ¿Entendéis el poder que tienen vuestros pensamientos?

Así que si pensáis: «A este hombre le volveré a llamar miserable porque no ha hecho las cosas a mi manera», borrad ese pensamiento en seguida y rodeadlo de amor y comprensión y compasión.

Si toda una unidad de personal hiciera eso con un médico durante una semana, el cambio en el comportamiento de esa persona saltaría a la vista sin que nadie tuviera que decir ni una sola palabra en voz alta. ¿Alguien de vosotros lo ha intentado alguna vez? No tenéis ni idea del poder que tienen vuestros pensamientos.

Así que si rodeáis a estas personas —y son las peores personas las que más lo necesitan, naturalmente— de amor y pensamientos positivos podréis cambiar lo más imposible...

¿Escucháis lo que intento deciros? Es la única manera de provocar un cambio. Y hablaré brevemente como psiquiatra, porque es muy importante que sanéis al mundo pronto, antes de que sea demasiado tarde: *tenéis que entender que no podéis sanar al mundo sin antes sanaros vosotros mismos.*

De eso estamos hablando: de asuntos pendientes. Dios creó al hombre perfecto, para darle toda la conciencia que sea capaz de abarcar y todas las cosas que sea capaz de usar. Si no pudierais abarcarlo, no os habría sido dado. Siempre recibís lo que necesitáis, aunque quizá, no siempre lo que deseáis. Y conforme vais creciendo y evolucionando, recibís más. No cuando lo deseáis, sino cuando estáis preparados para ello.

Todos los seres humanos se componen de cuatro cuadrantes: un cuadrante físico, uno emocional, uno intelectual y uno espiritual, intuitivo.

Intelectualmente, la mayoría somos hipertróficos (demasiado desarrollados), sobre todo en esta sala. *(Algunas risas sorprendidas del público.)* Espiritualmente, estamos bien, es el único cuadrante que no hace falta trabajar. Está dentro de vosotros y el motivo más importante para que no se revele es que se encuentra bloqueado. Físicamente, sois todos miembros de algún gimnasio, e intentáis hacer ejercicios de yoga y tomar vitaminas y hacer todo lo que debéis, así que no me preocupa demasiado eso. El problema más grande en nuestra sociedad es el cuadrante emocional. La segunda etapa evolutiva es el cuadrante emocional, que se desarrolla casi exclusivamente entre el primer año de vida y los seis años. Es entonces cuando se adquieren todas las actitudes básicas que te estropean de por vida. Y subrayo la palabra «estropean».

Si vivís en armonía y equilibrio en vuestros cuadrantes físico, emocional, intelectual y espiritual, no enfermaréis. Sólo se enferma por tres clases de motivos: motivos traumáticos, motivos genéticos y por una falta de armonía entre los cuatro cuadrantes. Y os hablaré de esto, porque es relevante a la hora de sanar, porque sabiéndolo, seréis capaces no sólo de sanar a otras personas sino también de prevenir la enfermedad. Y espero que en la próxima generación dediquemos el noventa por ciento de nuestra energía a prevenir la mala salud en lugar de ir colocando tiritas sobre algo que se podría haber evitado desde el principio.

Cuando trabajamos con niños que ya no pueden hablar por su gravedad o con niños que son demasiado pequeños, usamos los dibujos para entender su lenguaje simbólico. Os diré cómo va a ser la medicina dentro de cinco años en lo que a sanar se refiere, practicada con una caja de lápices de colores; como accesorio, aunque no exclusivamente.

Cuando un niño no es capaz de hablar y yo necesito saber lo que él necesita saber para poder finalmente ocuparse de sus asuntos pendientes, le daré una hoja de papel y una caja de colores, y le pediré que haga un dibujo. Pero, nunca debes decir al niño lo que tiene que dibujar.

En cuestión de cinco o diez minutos verás que él sabe que se está muriendo y podrás descubrir dónde está la patología. Si, por ejemplo, tiene un tumor en el cerebro, él va a dibujarlo en una zona determinada de la hoja. Verás aproximadamente el tiempo que le queda y también si va a empeorar o mejorar, y también conocerás sus asuntos pendientes.

Lo hemos hecho con miles de niños y mi colaborador lo analiza profundamente en su libro.* Lo hemos hecho incluso con niños que posteriormente fueron asesinados y con niños que luego murieron atrapados por un tiburón o en otros accidentes. En gran parte, la conciencia de su muerte inminente es subconsciente, y emana del cuadrante espiritual.

La razón de que los niños siempre sepan más que los adultos es que todavía no han sido contaminados por la negatividad. Si educarais a la generación siguiente con amor incondicional y *sin* castigo alguno pero con disciplina firme y constante, la próxima generación apenas necesitaría a alguien que los sanara porque serían capaces de sanarse ellos mismos. Vivirían en armonía, como Dios nos creó a todos.

Uno vive siempre en armonía cuando existe una armonía entre los cuadrantes físico, intelectual, emocional y espiritual. Experimentaréis traumas, naturalmente, y los defectos genéticos seguirán estando ahí.

Si criarais a los niños sólo con *emociones naturales*, y les permitierais expresar su *dolor*, su *rabia*, su *tristeza*, les encantaría ir a la escuela. Aprender sería una aventura estimulante, emocionante, un reto, y las lecciones serían profundamente espirituales, porque todo esto está dentro de vosotros. Habéis nacido de Dios, y vuestro cuadrante espiritual es algo que no tenéis que buscar ni pedir en oración. Os viene dado,

* *El secreto mundo de los dibujos*, Gregg Furth, Luciérnaga, 1992. *(N. de la E.)*

es un don gratuito. Lo único que os impide usarlo es vuestra propia negatividad.

Si, en efecto, es cierto que todos los niños tienen todo el conocimiento en su interior —derivado del Dios que albergáis, de vuestro cuadrante espiritual—, entonces: ¿por qué no lo tienen los adultos? ¿Cómo podemos emplear este conocimiento de los niños para ayudar a los adultos?

Os daré mi ejemplo preferido para demostrar la manera en que la enseñanza del lenguaje simbólico puede servir para ayudar a los mayores.

Utilizo el ejemplo del cáncer aunque cabe resaltar que al trabajar con pacientes en fase terminal no habría que destacar únicamente a los pacientes de cáncer. Las personas que padecen enfermedades neurológicas, esclerosis múltiple, esclerosis lateral amiotrófica, las personas que han sufrido embolias y que ya no pueden hablar ni moverse, necesitan la misma ayuda o *más*. Siempre hablamos de los enfermos de cáncer como si el cáncer fuera la mayor tragedia del mundo. Espero que comprendáis que quiero decir que deberíamos ayudar no sólo a los pacientes de cáncer sino a *todas* las personas.

Bernie Siegel

Siempre digo que cuando tenemos el diagnóstico de una enfermedad terminal confirmado, sencillamente se solicite al paciente, sin darle instrucciones, que nos realice un dibujo; sólo para saber en qué fase de su enfermedad se encuentra. Después de este dibujo, se le pide que realice un segundo dibujo en el que represente el estado actual de su enfermedad.

Mi caso predilecto fue un hombre diagnosticado de cáncer que realizó para mí un dibujo. Le solicité que me hiciera el segundo dibujo en el que tenía que localizar su cáncer. Él realizó la figura de un hombre llena de círculos concéntricos rojos (rojo = peligro), símbolo de las células cancerígenas.

Cuando le solicité que representara lo que concebía como

«quimioterapia», que era el tratamiento que su oncólogo había recomendado (y que recomendarían casi todos los oncólogos en este caso), este paciente dibujó flechas negras que se dirigían hacia cada célula, pero al llegar a la misma se desviaba de ella como rebotada.

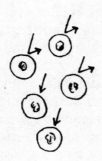

Si no supierais nada sobre la interpretación de dibujos y fuerais el médico de este paciente, ¿seríais capaces de darle quimioterapia? ¿Creeríais que iba a ser bueno para él?

Se pensó que era la medicación adecuada, pero algo —que no era su mente— dentro de este hombre me demostraba que iba a rechazar la quimioterapia que le imponían.

El mensaje de éste paciente procede de un cuadrante al que la humanidad no da la consideración que merece. Debido a que nuestro cuadrante intelectual es exageradamente desarrollado y se cree que sabe mejor que nadie lo que nos sucede, creeríamos que este paciente es un ignorante, puesto que la quimioterapia es el tratamiento más adecuado para él.

Cuando se estudia atentamente lo que la intuición de este paciente le está diciendo, nos damos cuenta de que así no funcionará este tratamiento.

Por respeto a este paciente le pregunté: «¿Qué le dijo su doctor que era la quimioterapia?». El paciente contestó: «Me dijo el doctor que la quimioterapia mataría mis células cancerígenas, pero... —añadió sollozando— existe el mandamiento *no matarás...*».

Cuando volví a recuperar mis fuerzas le pude decir: «¿Ni siquiera matarías tus células cancerígenas?». A lo que él respondió: «Doctora Ross, yo he sido educado en la tradición de los cuáqueros, creo firmemente en la Ley Universal de *no matarás*, así pues, no puedo matar».

Creo que el amor incondicional significa respeto a mi prójimo como a mí mismo. Esto quiere decir respeto al prójimo que tiene un conocimiento sobre sí mismo que está más allá de lo que yo sé sobre ellos. Su conocimiento procede de un cuadrante distinto al mental, pero sin embargo más certero que lo que procede de éste.

Si realmente practicas el amor incondicional, respetas a tu prójimo sin tratar de convencerle, convertirle o cambiarle.

No tuve problema en explicarle que deseaba que todo el mundo fuera capaz de creer en la Ley Universal porque así el mundo iba a gozar realmente de una paz duradera y el mundo sería un lugar hermoso. Ésta era la expresión implícita de mi respeto al paciente sin criticar ni juzgar. Lo que hice fue pedirle que cuando llegara a casa me realizara un dibujo de cómo concebía él que se podía liberar de su cáncer. ¿Podéis ver la diferencia? A mi paciente le pareció muy buena idea y quedamos citados para la semana siguiente.

Cuando llegó el día de visita le pregunté si había sido capaz de concebir de qué manera podía él liberarse de su cáncer, lo que realmente significaba de qué manera podíamos *nosotros* ayudarle. Con una gran sonrisa se ofreció a dibujarme su solución y este dibujo que os enseño ahora es la respuesta que me ofreció a los pocos minutos.

El cuerpo del hombre que anteriormente aparecía dibujado lleno de círculos rojos, en este nuevo dibujo estaba lleno de enanitos, gnomos y cada uno de ellos abrazaba amorosamente una célula cancerígena.

Me emocionó mucho, llamé a su oncólogo y le expliqué lo sucedido. Aquel mismo día comenzó el tratamiento de quimioterapia a este paciente que hoy está muy bien.

¿Comprendéis toda la belleza de este episodio? Para mí significa una gran apertura, simboliza una gran dosis de humildad y comprender que cada uno de nosotros posee en su interior el conocimiento que necesita y con la humildad y respeto que debemos a los demás y a nosotros mismos, podemos ayudarnos mutuamente.

No se necesita para ellos mucho tiempo ni tampoco mucho dinero.

Espero que sepáis que esto es lo que considero medicina global.

Yo *puedo tener el conocimiento intelectual de la enfermedad maligna.* El paciente *tiene el conocimiento intuitivo. Y si empezamos a trabajar juntos y nos respetamos y ayudamos, entonces sí que podremos ayudarnos mutuamente a vivir en armonía.*

Esto es para mí *sanar al finalizar este siglo.*

De alguna manera, tiene que ver con la conciencia, y no sé bien cómo expresarlo. Tiene que ver con el hecho de ser abiertos. Y no se puede ser abierto, ni se puede alcanzar este conocimiento ni esta comprensión ni esta compasión ni este amor incondicional mientras haya un Hitler en nuestro interior. Así que doctor: *¡Sánese usted mismo!* Y sois todos doctores. Todos tenéis que tener la humildad de reconocer toda la negatividad que lleváis en vuestro interior, cada día.

Y si fuerais capaces de esto, reconoceríais lo que aprendí en Maidanek... Fue en Maidanek donde se me presentó aquella mujer que había perdido a toda su familia. Fue ella quien me dijo: «¿No crees, Elisabeth, que en todos nosotros hay un Hitler?».

Sí. Y en todos nosotros también hay una madre Teresa. No podéis convertiros en una madre Teresa —simbólicamente hablando— si no tenéis el coraje de reconocer a vuestro Hitler y luego deshaceros de él.

Así que esto es lo que os digo: si queréis *sanar* al mundo, entonces sanaos vosotros mismos, deshaceos del Hitler que albergáis en vuestro interior. Entonces seréis un ser humano que vive en armonía, como Dios os ha creado. Entonces tendréis una conciencia cósmica, tendréis experiencias extracorporales, tendréis todo lo que necesitáis, pero no lo que deseáis; gracias a Dios. *(Sonrisas entre el público.)*

Los talleres de trabajo

Alguna gente me ha preguntado acerca de los talleres de trabajo. Estos talleres los realiza Shanti Nilaya. Organizamos talleres en todo el mundo de habla inglesa, desde California hasta Australia y África. Invitamos a setenta y cinco personas que vienen a pasar una semana con nosotros, desde el lunes a mediodía hasta el viernes a mediodía. Un tercio aproximadamente son pacientes con enfermedades terminales o padres de niños moribundos; otro tercio son médicos, capellanes, trabajadores sociales, psicólogos, enfermeras, y el tercio restante son gente de diversa procedencia y circunstancia. Lo que hacemos con este grupo es demostrarles a todos los participantes —en cinco días— que pueden ser capaces de examinar sus asuntos pendientes y liberarse de ellos. Y, como es lógico, cuanto más joven seas cuando lo haces, mayor será la plenitud con la que vivas a partir de entonces.

Es un taller de cinco días muy intensos, donde los pacientes con enfermedades terminales suelen empezar por compartir su angustia y su dolor y sus asuntos pendientes, su amargura, y remueven su propio caudal reprimido de lágrimas y rabia y asuntos pendientes. Y entonces los ayudamos a ventilarlo y a expresarlo. Y la última noche, el jueves por la noche, celebramos un ritual muy conmovedor, donde la gente se pone en círculo alrededor de una hoguera en el campo, normalmente con pan y vino que traen ellos mismos, y comparten con el grupo lo que están dispuestos a dejar atrás. Y lo hacen simbólicamente con una piña en la que vuelcan su negatividad para luego tirarla al fuego.

Cuando tenemos el coraje de enfrentarnos con nuestra propia negatividad y dejarla atrás, entonces podremos ser más como la madre Teresa. No puedes quedarte sentado con tu negatividad y creer que se desvanecerá a base de meditaciones. La verdad es que eso no funciona.

Encontraréis más dolor y angustia en un grupo de setenta y cinco personas de lo que jamás podáis imaginar, sólo con que dejéis de ver la fachada y contempléis lo que hay en el fondo, en el caudal reprimido de angustia y agonía. Y el duelo más grande que jamás se pueda experimentar, que es mucho mayor que cualquier pérdida de la que pueda hablar la gente, es *el duelo por el amor que nunca has experimentado.* Ése es el duelo más grande. La mayoría de las personas en nuestra sociedad no ha experimentado nunca el amor incondicional, salvo tal vez de una abuela o un abuelo.

En el último taller de cinco días, del que acabo de volver, había diecisiete pacientes suicidas, que acudieron al taller como última baza, con la amenaza de que si no los ayudaba se suicidarían. Les pedí que no lo hicieran hasta el viernes por la tarde. *(Risas del público.)* Es también algo que hay que tomarse en serio, pero además hay que conseguir que estas personas sean conscientes de que los seres humanos somos total, única y exclusivamente responsables de nuestra propia vida. Así que no vayáis por ahí llorando en el hombro de la gente y malgastando vuestra energía en la autocompasión. Sois vosotros y las opciones que habéis tomado lo que os ha traído hasta aquí.

Y los seres humanos deberíamos dar gracias todos los días porque somos los únicos seres vivos de esta galaxia a los que se les ha dado la libertad de elegir. Y después de la muerte, cuando la mayoría os dais cuenta por primera vez de qué va la vida *aquí*, empezaréis a ver que vuestra vida aquí es prácticamente nada más que la suma total de cada una de las opciones que habéis tomado en cada momento de vuestra vida. Vuestros pensamientos, de los que sois responsables, son tan reales como vuestros hechos. Empezaréis a daros cuenta de que cada palabra y cada acto afecta a vuestra vida y también alcanza a miles de otras vidas.

Fijaos sin más en cuando os levantáis por la mañana y estáis de mal humor. Ponéis de mal humor a vuestro marido o a vuestra mujer y ellos se van al trabajo y lo sacan con la secretaria. Luego la secretaria lo saca con su marido. Tus hijos van al colegio de mal humor. Le dan una patada al perro al salir de casa, se pegan con otros críos y acaban en el despacho del director.

Merece la pena que alguna vez, al levantaros de mal humor por la mañana, os fijéis en cómo sois capaces de amargarle la vida a muchas personas.

Son cosas pequeñas como éstas las que podéis experimentar solos. Al día siguiente —aunque estéis de mal humor— cantad, lanzad unos gorjeos a la tirolesa o simplemente silbad hasta que hayan salido todos por la puerta de casa. *(Risas.)* Y entonces ya podéis coger una manguera de goma y arremeter con ella contra un colchón, y sacaros así la rabia con algún objeto inanimado.

Y luego, al final del día, preguntadle a vuestro cónyuge, a vuestro compañero, a vuestros hijos cómo les fue el día, y entonces empezaréis a ver que *vosotros* sois capaces de cambiar la vida con cosas sencillas. No hace falta que vayáis a la India, y no os hace falta el LSD ni la mescalina ni la psilocibina para cambiar vuestras vidas. Y no hace falta que hagáis nada más que ser responsables de vuestras opciones.

Haced lo que hizo Cristo después de lo que la Biblia denomina «luchar contra Satanás», que no fue más que luchar contra el Hitler que había en su interior después de cuarenta días de ayuno. Era totalmente consciente de que podía ser el rey de Jerusalén, de que podía cambiar ese lugar tan decadente durante aquella época. Pero también sabía que no duraría mucho. La opción más elevada que tenía era estar dispuesto a no usar nunca sus poderes, estar dispuesto incluso a dar su vida, si con ello podía ayudar a una sola persona a comprender que la muerte no existe, que la muerte es sólo una transición hacia una forma diferente de vida.

Eso fue lo que hizo. Sabía que la gente creía en él sólo en cuanto que realizaba milagros. Al desaparecer él, volverían todas las dudas. Conocía la diferencia entre «saber» y «creer».

Y así, después de su muerte, se materializó ante sus amigos y sus discípulos durante tres días y tres noches. Comió con ellos, habló con ellos, compartió con ellos. Y entonces supieron.

Fue el hecho de saber, y no de creer, lo que les dio el coraje de hacer lo que necesitaban hacer.

Aquellos que estéis dispuestos a pasar por cuarenta días de ayuno, simbólicamente hablando —lo que significa pasar por un infierno, soportar las etiquetas, dejar que os ridiculicen, denigren y critiquen—, si a pesar de todo ello, tomáis la opción más elevada, no os arrepentiréis. Y aquí también, os daré un ejemplo *muy* práctico: Dougy.

Hace un par de años, fui a visitar a un niño de nueve años en Virginia que se estaba muriendo de cáncer. Y antes de marcharme le dije que seguramente tendría muchas preguntas. Le dije: «No puedo hacer visitas en casa demasiado a menudo en Virginia, así que si tienes alguna pregunta, ¿por qué no me escribes?».

Un día recibí una carta de Dougy. La carta tenía dos líneas: «Querida doctora Ross, me queda sólo una pregunta más. ¿Qué es la vida y qué es la muerte y por qué los niños tienen que morir? Cariños de Dougy».

¿Os dais cuenta de por qué me inclino siempre a favor de los niños? Van directos al grano. *(Risas del público.)* Así que le escribí una carta.* Y no podía escribirle, digamos, cosas grandilocuentes. Tenía que escribirle como él me escribió a mí.

Así que le escribí de esa manera. Usé esos maravillosos rotuladores de veintiocho colores, los colores del arco iris, pero no me acababa de quedar del todo bien por lo que empecé a ilustrarla. Cuando terminé, me gustó tanto que quise guardarla. Mi razonamiento era, naturalmente: «Sí, tienes todo el derecho de quedártela. ¿Sabes?, has trabajado a fondo en esta carta, y pronto serán las cinco, y Correos está a punto de cerrar, y los niños llegarán del colegio, y será mejor que te pongas a preparar la cena», y todas las excusas de por qué estaba bien hacer eso... quedarme la carta. Cuanto más larga se hacía la lista de excusas, más me daba cuenta de que *no* estaba bien. Así que me dije: «Voy por ahí aleccionando a la gente para que tome la opción más elevada. ¿Cuál es mi opción más elevada en este momento? Mi opción más elevada es irme directamente a Correos y desprenderme de ella, porque la he hecho para él, no para mí». Así que me fui a la estafeta de Correos y la envié.

Dougy estaba muy orgulloso y muy contento. Compartió la carta con muchos otros niños en fase terminal. Eso, por sí solo, ya habría sido maravilloso.

Pero al cabo de unos cinco meses, en marzo, cuando llegó su cumpleaños, esta familia bastante pobre me hizo una llamada de larga distancia. Dougy se puso al teléfono y dijo: «Doctora Ross, hoy es mi cumpleaños. Tú eres la única que tenía fe en que celebraría otro cumpleaños. Y necesito darte un regalo por mi cumpleaños. No se me ocurría qué darte. No tenemos nada. Lo único que me sale ...» («lo único que me sale», eso es el cuadrante espiritual)... «lo único que me sale una y otra vez es devolverte tu preciosa carta. *(Risas alegres del público.)* ¡Pero con una condición!». (¡No era un amor incondicional!) *(Risas del público.)* «Con una condi-

* En castellano *Carta a un niño con cáncer*, Ed. Luciérnaga, 1992. *(N. de la E.)*

ción: que la imprimas para que la puedan leer otros niños que van a morir.»

Se me agolparon un montón de cosas en la cabeza: será caro, veintiocho colores en cada página... —cuadrante intelectual, frugalidad suiza—, cómo podrá costearlo la gente. Después de todas esas interferencias me dije: «¡No!». Tomé la opción más elevada. Y es cierto, literalmente: si te entregas sin expectativas, recibirás a cambio diez mil veces más. Esto fue hace cuatro años y medio. Cuando murió Dougy, la *Carta de Dougy* había llegado a diez mil niños en fase terminal.

Diferenciad entre vuestro intelecto y vuestra intuición. Cuando pensáis, es vuestro intelecto. Cuando hacéis lo que *sentís* que está bien, es vuestra intuición. La intuición llega rápida, no tiene sentido, es totalmente ilógica y da un placer sensacional. Si os guiáis por vuestra intuición, siempre tendréis problemas. Pero en Shanti Nilaya tengo un lema muy especial en el que creo más que en cualquier otra cosa: *«Si cubrierais las montañas del Cañón del Colorado para protegerlas de las tormentas, nunca veríais la belleza de sus relieves».*

Y cuando os guiáis por vuestra intuición, acabaréis convertidos en un cañón… si aguantáis. Pero es maravilloso. *(Con una voz alegre y tranquila:)* No me habría gustado vivir en ninguna otra época, porque nunca ha sido más difícil y nunca las compensaciones fueron tan grandes.

Washington, 1982

Decir que sí

Viernes Santo

Hoy hace justamente siete años que estuve aquí por última vez. Y para mí es muy significativo. El siete es, además, un número muy significativo. Y el domingo de Pascua es el día más importante de nuestras vidas, aunque no lo sepáis.

Hace siete años estuve aquí, hablando con un grupo de personas. No sabía entonces que me adelantaba siete años a mi calendario celestial. No funcionó. Y me alegro mucho de no haber sabido, hace siete años, lo que me esperaba. Porque de ser así, me habría colgado del primer árbol de Navidad. *(Risas del público.)*

Para mí y para muchas otras personas cada Viernes Santo es un día triste debido a la crucifixión. Pero sin la crucifixión no habríamos tenido la resurrección. Y sin los huracanes de mi vida, mis pacientes no morirían con paz y dignidad, sabiendo en lo más hondo lo que todos necesitamos saber en el momento de nuestra muerte. Así que hoy quiero hablar, sobre todo, de los huracanes de la vida, del sentido que tienen los huracanes de la vida, y de cómo deberíais educar a vuestros hijos para que no tengan miedo de vivir y tampoco de morir.

Yo *no* soy «la señora de la muerte y de los moribundos». ¡Espero que en los cincuenta años que tenemos por delante se me conozca como «la señora de la vida y de los vivos»! Porque si vives bien, nunca, jamás tendrás miedo de morir. *Morir es el placer más grande que os aguarda.* No deberíais

127

preocuparos nunca por eso. Deberías estar preocupados por lo que hacéis hoy. Si hoy tomáis la opción más elevada en todo, no sólo en vuestros actos sino también en vuestras palabras y en vuestros pensamientos, el momento de vuestra muerte será un momento maravillosamente feliz.

Sólo necesitamos aprender a educar a una generación de jóvenes con un amor verdadero e incondicional, y con una disciplina firme y constante. Hay un viejo proverbio en algún lugar de la Biblia al que nunca cito bien aunque ya sabéis a qué me refiero: «los pecados del padre pasarán a sus hijos y a los hijos de sus hijos». Eso significa sencillamente que si de niño te golpearon o si sufriste un abuso sexual (al menos el veinticinco por ciento de nuestra población ha crecido en el incesto), si te maltrataron de niño, entonces tú, a tu vez, maltratarás a *tus* hijos, por toda la angustia y la frustración y la rabia impotente que todavía albergas en tu interior. Si no recibís ayuda para desprenderos de todo ese dolor antes de ser adultos y de tener vuestros propios hijos, lo pasaréis todo a la generación siguiente. Así que pienso que nuestra generación tiene el deber de practicar lo que ya se enseñó hace dos mil años: «¡Ama a tu prójimo como a ti mismo!».

Y tenemos que empezar por nosotros mismos porque no podemos amar a otros si no nos amamos a nosotros mismos. Y nunca podremos confiar en los demás si no podemos confiar en nosotros mismos. Así que cuando hablo de educar a la generación siguiente, quiero decir que tenemos que empezar por nosotros mismos, y entonces todo se vuelve cada vez más fácil.

Dios creó al hombre con cinco emociones naturales. Aprended a respetar estas cinco emociones naturales y no las convirtáis en emociones no naturales. Son estas emociones no naturales las que luego generan infinidad de asuntos pendientes.

El enfado o furia es natural, un regalo de Dios que, en su forma natural, dura quince segundos. Bastan quince segundos para decir: «No, gracias».

Y si a los niños no se les permite expresar su propia capacidad de afirmación y su autoridad y su enfado natural, acabarán siendo unos Hitler, pequeños o grandes Hitler, llenos de rabia y venganza y odio. El mundo está lleno de ellos.

El duelo es una emoción natural que te ayuda a enfrentarte a todas las pérdidas que hay en la vida. ¿A cuántos se os permitía llorar de pequeños? Si tienes una madre suiza, muy ordenada y limpia, y se te estropea un poco tu mantita preferida y ella dice: «¡Qué vergüenza!» y la tira a la basura, para un niño es una pérdida espantosa. Y si no te dejan llorar o si te dicen: «Si no dejas de llorar te voy a dar una razón para llorar que te hará callar muy rápido», entonces optas por callar en lugar de recibir una bofetada. Y entonces, ya de adulto, tendrás un montón de problemas con la autocompasión. Te hundirás en un pozo de autocompasión, y lo digo literalmente. No servirás para el trabajo en un centro de cuidados paliativos ni para ayudar a nadie. Vivirás con mucha vergüenza y con mucha culpa.

Cuando vais a ver películas como *E.T.*, la vergüenza y la culpa saltan a la vista con sólo mirar al público. Cuando dan las luces durante la media parte, mucha gente se limpia las gafas con justificaciones de «cómo se me han empañado». Y es porque tienen vergüenza de reconocer que han llorado. Es un «asunto pendiente»: *temes que no se te permita expresar tu duelo.*

El amor es incondicional. El amor no tiene exigencias, no tiene expectativas. Simplemente *es*.

Una forma de amor natural es tomar a un bebé en brazos, abrazarlo, y entonces él se siente nutrido y cuidado. Otra forma de amor es ser capaz de decir «No». Y eso es algo que para mucha gente resulta muy difícil. Si a un niño le puedes decir: «No te voy a atar los zapatos. Tengo toda la confianza del mundo en que lo puedes hacer solo», quizás el pequeño tenga una rabieta o quizás intente manipularte todo lo que pueda. Tendrás que mantenerte *firme* y transmitirle lo siguiente: «Confío en que lo puedes hacer solo. Confío en que lo puedes hacer aún mejor que yo cuando tenía tu edad». Entonces se agachará y se esforzará para hacerlo lo mejor que pueda, y se sentirá *tan* orgulloso cuando vea que puede aprender a atarse los zapatos él solo...

Esto contribuye a desarrollar la confianza y el amor hacia uno mismo. Es sumamente importante que lo sepáis, y si tenéis asuntos pendientes, deshaceos de ellos, porque si no lo hacéis, os acosarán toda la vida, y no sólo eso, sino que crecerán como una solitaria y con el tiempo acabarán por sofocaros internamente.

Cuando perdéis a alguien y has vivido con plenitud, no tendréis que hacer un *trabajo* de duelo. Sentiréis un duelo profundo, pero no tendréis que *trabajar* el duelo.

El *trabajo* de duelo es un *asunto pendiente*. Es miedo, vergüenza y culpa, junto con todas las emociones no naturales y todos los asuntos pendientes y, naturalmente, todo esto será un desgaste de energía y disminuirá vuestra sensación de armonía y vuestra salud.

Vosotros y sólo vosotros sois responsables de vuestras opciones. Pero al tomar una opción, también debéis aceptar la responsabilidad. Digamos que alguien quiere quitarse la vida. Cuando toma esta decisión, también tiene que aceptar sus consecuencias. Y eso significa que hará que sus familiares sientan el peso de una *gran* culpa, con todos los «¿Por qué ha sucedido?» y «¿En qué me he equivocado?» y «¿Por qué no me di cuenta?», y ya sabéis todas las cosas que hacen de esta situación una auténtica pesadilla. Y *él* será responsable de haberlos hundido a *ellos* en esta pesadilla. Y ésa es su... cruz, que deberá llevar consigo al otro lado.

Así que cada vez que toméis una opción, aseguraos de que tenéis el derecho de tomar la decisión libremente. Es el regalo más grande del hombre, que nos fue dado al nacer como seres humanos. Somos los únicos seres en el Universo, según tengo entendido, a los que se les ha dado una libertad de elección. Pero eso conlleva una *gran* responsabilidad.

Y ahí sí que hay que saber diferenciar. Yo diría que probablemente un setenta por ciento de todos los jóvenes que se suicidan son responsabilidad del médico, y es la única forma que tengo de decirlo. ¿Tenemos algún psiquiatra en este grupo? ¡Sí!

Porque es verdad que tenemos que diagnosticar los primeros episodios de un maníacodepresivo sin diagnosticar. No lo diagnosticamos con la frecuencia debida. Si una joven está muy deprimida (quizás ha perdido a su novio o se ha peleado o enfrentado con su padre o con su madre), lo vemos como algo normal. No detectamos los primeros síntomas de los maníacodepresivos sin diagnosticar que aparecen con tanta frecuencia. Y lo único que necesitarían estos pacientes es un tratamiento de litio. El litio es lo único que conozco que funciona con estos pacientes. Le quita fuerza a la depresión. *Seguirán* deprimiéndose, pero llegarán a un fondo determinado y no lo rebasarán. Y si se excitan, seguirán excitándose pero no demasiado, que es lo que les sucede cuando están totalmente fuera de control.

Por eso hay que educar a la población mucho más extensamente en relación con estos primeros episodios de psicosis maníacodepresiva y administrarles a los pacientes la medicación adecuada. Yo no soy una psiquiatra que administre muchos fármacos a la gente. El litio es uno de los pocos fármacos que utilizo.

El tema es completamente distinto en relación con las consecuencias de las opciones. Si, por ejemplo, una joven se suicida a causa de un novio o de una madre y se siente simplemente furiosa: «¿Cómo te atreves a hacerme esto? *Yo* haré que te sientas tan culpable que te arrepentirás toda la vida». Luego se suicida como acto de venganza, para hacer que otro se sienta *profundamente* culpable. Y paga con su vida; está tan furiosa que haría cualquier cosa con tal de hacer que su novio se sienta fatal, tal como él hizo que se sintiera *ella*. Este motivo para llevar adelante un suicidio tiene consecuencias muy, muy distintas de cuando una persona es maníacodepresiva sin diagnosticar y se siente tan deprimida que por mucho que digas o hagas, lo único que quiere es quitarse la vida. Y por mucho que digas, no hay manera de sacarla de ahí.

El suicidio como resultado de una depresión endógena

¿Cuántos os habéis sentido alguna vez real y desesperadamente deprimidos? Entonces sabéis lo que es. Si lo multiplicáis por diez, entonces sabréis lo que siente un maníacodepresivo en su depresión. Nada tiene sentido, ¡nada! Es... es peor que nada. Es un vacío total. No hay absolutamente ninguna manera de salir a la luz del sol. Y para la persona depresiva, la única solución es acabarlo todo de esta manera, porque vivir así se ha vuelto insoportable.

Conviene entender que al final, cuando hagáis el recuento de vuestra vida después de morir, eso se valorará como si hubierais muerto de cáncer. Esa forma de depresión y suicidio es una enfermedad de la que no sois responsables.

No podéis «licenciaros» hasta que hayáis aprendido todas las lecciones que habéis venido a aprender en esta vida, y tampoco hasta que hayáis enseñado todas las cosas que habéis venido a enseñar. La vida no es sino una escuela, literalmente una escuela donde se os pone a prueba, donde tenéis que superar con éxito vuestras pruebas. Y si las superáis os toca una hamburguesa doble. Si aprobáis la siguiente, que es mucho más dura que la primera, entonces os tocará una hamburguesa triple. Y así sucesivamente, pero no se pone más fácil. ¡Se pone peor! Se pone cada vez más duro y más difícil, pero también os *sale* más fácilmente. ¿Entendéis lo que quiero decir? Es como darle problemas de mates para un niño de quinto a uno de primero: le sería imposible. Pero darle esos problemas a un niño de quinto curso ya es otra cosa. En quinto está mejor preparado y tendrá buenas posibilidades de resolverlos con éxito.

Cuando llegas a creer que por fin has alcanzado realmente la cima de la montaña, y que ahora sí eres capaz de hacerle frente a cualquier cosa, entonces os cae un palo de dos por cuatro en la cabeza. *(Risas cómplices del público.)* Si os cae un dos por cuatro en la cabeza y sobrevivís, entonces os caerá un... no sé el tamaño que viene después del dos por cuatro. Pero os cae un palo grande en la cabeza. ¿Cuántos habéis pasado por al menos la etapa del dos por cuatro? *(Respuesta de entre el público: «Creo que a mí me ha pasado».)* ¿Pensaste que fue duro? *(«¡Sí!»)* ¡Pues, lo mejor está aún por llegar! *(Risas del público.)*

La vida es así. El propósito único de la vida es la evolución espiritual: madurar hasta ser tan perfectos que os puedan meter en un barril que da tumbos. Y sabéis que cuando os metan en ese barril que es la vida y que es, simbólicamente hablando, vuestra opción —y la de *nadie más*—, saldréis destrozados o curtidos.

La diferencia entre rescatar y ayudar

Cuando sois cómplices del rescate de una persona no le estáis ayudando. Hasta cierto punto, esto lo entendéis todos. Porque si rescatáis a una persona, la debilitáis y vosotros os crecéis. Si la rescatáis y le ponéis una tirita, en nada le habréis ayudado.

Todos somos guarda de nuestro hermano o de nuestra hermana. Somos responsables de ayudar ahí donde sea necesario. Pero conviene saber la diferencia entre *rescatar* a alguien (intentar arreglar algo en la vida de otra persona), y *ayudarle* (estar disponible cuando aquella persona ha aprendido a ser lo bastante humilde para pedir ayuda). Es una línea muy fina la que hay entre ser un rescatador y ser una auténtica ayuda, un ser humano decente.

(Una persona del público le pregunta a Elisabeth qué hacer cuando alguien que está muy enfermo dice que ya no quiere seguir viviendo.) ¿Os ha hablado alguien de las leyes

universales? Tenéis que conocer algunas leyes universales muy básicas. *No matarás* es una ley universal absoluta, y va para toda la humanidad. No se refiere únicamente a nuestra propia religión, sino a todas las que hay. Si alguien te pide que lo mates, sea por el motivo que sea, primero tenéis que averiguar por qué no quiere seguir viviendo. ¿Cuántos atendéis a personas que no quieren vivir, que están atadas a una silla, incontinentes, con la mirada perdida en el horizonte, y nadie les da un beso, ni siquiera las toca?

¿A cuántos os gustaría existir de esa manera? A nadie, por supuesto. Si conocéis... si podéis realmente identificaros con esa persona: «A mí no me gustaría existir de esa manera», entonces planteaos esta pregunta: «¿Qué puedo hacer para cambiar su situación para que no sólo pueda existir hasta que muera, sino que pueda vivir realmente hasta que muera?». Entonces te empleas a fondo para cambiar algún aspecto de su vida.

¿Cuántos habéis visto la película de Katie que hicimos sobre cómo se puede bailar con gente anciana que está totalmente paralizada y en silla de ruedas? ¿No la habéis visto? Tenemos una cinta de vídeo que hicimos sobre cómo ayudar a los ancianos, y a propósito se eligen personas *muy* ancianas, no de sesenta y dos años para que no tengamos que pensar que podría tratarse de nosotros. *(Risas del público.)*

Reúnes en una residencia de ancianos a un grupo de mujeres y hombres de entre ochenta y ciento cuatro años que están todos paralizados y en silla de ruedas. Que sean típicamente muy viejos, de aquellos muy desvalidos que no sean para nada vivarachos, e intentas enseñarles a vivir.

Conseguimos a una bailarina que les enseñó a bailar. Y estaban todos paralizados, recordad, y en silla de ruedas. Así que ella formó un círculo con las sillas de ruedas y pedimos a un fotógrafo que filmara un vídeo de lo que hacíamos con estas personas. Pero él no lo hizo como lo haríamos nosotros, con la gente presumiendo delante de la cámara, sonriendo felices y poniendo cara bonita. No, él tenía la cámara a sus espaldas y sólo les enfocaba los pies, los pies colgando ahí, muertos. Y entonces, mientras ella bailaba (usó Tchaikovski y Mozart y toda la vieja música clásica), de pronto empezabas a ver que se movía el pie. Y entonces ves que van cogiendo marcha. Y veías a un viejo que se ponía a botar y empezaba a tontear con la señora que tenía al lado y se acercaba y empezaba a tocarla. Y sucedían cosas, y en esta película se puede ver todo esto.

Y más adelante el viejo se comprometió con la anciana. Y ella insistía en que se casaría con él, ¡pero sólo quería casarse porque quería un vestido nuevo!, ¡qué mujer más astuta!

Tendríais que ver esa película. Y tendríais que ver esa residencia de ancianos. Pero la cinta de vídeo figura en el boletín de información. Algo sobre «bailando con ancianas». Y bailan que no os lo podéis ni imaginar. Y todo eso con una persona que pone la música adecuada y despierta vida en esa vida.

Mi madre

Cuando envejeció, mi madre tenía una gran obsesión: no podía recibir. Era capaz de regalar la camisa que llevaba puesta, era capaz de hacer cualquier cosa por los demás. Trabajó como una mula toda la vida. Crió trillizas junto con un niño de seis años y ya sabéis cómo debía de ser eso de criar trillizas hace sesenta años. No había lavadoras, no había Dodotis, no había agua caliente. Tuvo que darnos de mamar durante nueve meses, cada tres horas, día y noche, y era duro. Pero daba y daba, y era todo amor.

Pero no era capaz de recibir nada. No podía. Quiero decir, ¡era un caso patológico!

Si una vecina le hacía un pastel un sábado y se lo traía simplemente para echarle una mano y que así pudiera tener el postre listo, el fin de semana siguiente ella tenía que hacer un pastel y llevárselo de vuelta a su vecina.

¿Conocéis a gente así? ¿Les contaréis por favor mi historia para que no acaben igual? Yo misma tengo que aprenderlo.

Mi madre tenía muchísimo miedo de acabar como un vegetal, porque entonces estaría *totalmente condenada* a recibir. Eso era lo peor de todo lo que le podía ocurrir jamás en su vida. Y siempre nos metíamos con ella, diciendo: «Lo vas a lamentar si no eres capaz de simplemente aceptarlo con elegancia. Si aceptas el pastel harás feliz a esa mujer». Pero no quería saber nada.

Tenía miedo de convertirse en un vegetal, y un día recibimos una llamada que nos avisó de que habían encontrado a mamá en el baño con una apoplejía fulminante. Estaba paralizada, no podía hablar, no podía mover nada, no podía hacer nada.

La llevamos corriendo al hospital. Lo único que podía mover era la mano izquierda un poco. Y como intentó usar la mano izquierda para sacarse el tubo de la nariz —naturalmente, necesitaba estar entubada— le ataron la mano, y ésa también se volvió inservible. Así que era incapaz de mover un solo centímetro de su cuerpo. Y yo le prometí: «Te ayudaré a vivir hasta que mueras».

Pero no podía ayudarla a morir. Ya *antes* del ataque, un tiempo antes, me había rogado que le diera algo, alguna sobredosis de somnífero, si alguna vez se convertía en un vegetal. Y yo le había dicho: «No puedo hacerlo. Cómo puedo hacerle eso a una madre que me mantuvo viva dándome de mamar cada tres horas, día y noche, con todo el sacrificio, y ahora yo tengo que... La verdad, no puedo hacerlo». Se puso furiosa conmigo.

Entonces cometí un error —ella estaba totalmente lúcida— al decirle: «No puedo ayudarte a morir pero te ayudaré a vivir hasta que mueras». Sabía que estaba cabreada conmigo y que no estaba contenta y que no podía entenderme, y me dijo: «Tú eres la única médico de la familia, sería muy fácil».

No me dejé convencer, gracias a Dios, y mira que soy blanda.

Tres días después de esta conversación yo estaba de vuelta en Estados Unidos y recibí la llamada de casa que me informaba de que la habían encontrado con una apoplejía fulminante. Volví a Suiza inmediatamente.

En seguida la llevamos al hospital donde ya tenían listo el respirador y todo el montaje. Y ella usaba —ahora ya sabéis lo que es la manguera de goma,* ¿verdad?— la barandilla lateral de la cama, que era metálica, en lugar de una manguera de goma.

Se puso a sacudir la barandilla metálica con un golpeteo que se llegaba a oír fuera del hospital. Cuando entrabas se escuchaba el golpeteo y la rabia. Es que no podía hablar, así que ésta era la única manera que ella había encontrado para expresarse. Yo sabía que no sería capaz de soportar ese ruido pese a que entendía su rabia. Se sentía completamente impotente y estaba obligada a dejar que la gente la lavara, la alimentara y la cuidara.

Así que le pregunté si quería que la llevara a un centro de cuidados paliativos. Esto fue hace mucho tiempo, cuando todavía no los conocían. Pero yo pensaba en un viejo... como un lugar donde las monjas se ocupan de los pacientes y los cuidan con tanto cariño. Sin máquinas, sin respiradores, sin nada. Y ella dijo que sí, que eso le gustaría. Ése fue su mensaje claro y sincero.

En Suiza cuesta mucho encontrar sitios decentes de este estilo, porque hay una lista de espera de dos o tres años. Y aquélla fue la única vez que di las gracias por ser una trilliza, porque éramos tres personas que podíamos hacer piña para encontrarle un lugar. Una de mis hermanas es *muy* seductora, la otra es una política de armas tomar, y yo venía de América, lo que significa que tengo dinero. *(Risas del público.)* Esto fue hace mucho tiempo cuando el dólar se pagaba a cuatro por uno.

* En los talleres de Elisabeth, los participantes aprenden a arremeter contra un colchón con un pedazo de manguera de goma con el fin de facilitar la expresión de su dolor, su rabia e impotencia.

Yo pagaría todo lo que hiciera falta, mi hermana seductora intentaría seducir al médico para que le diera una cama, y la política tenía permiso para usar todos los trucos sucios que se le ocurrieran. ¿Quién creéis que consiguió la cama en cuarenta y ocho horas? *(Respuesta del público: «¿El dólar?».)*

No, en *Suiza* no, gracias a Dios. *(Gran carcajada.)* ¡La seductora! *(Asombro del público.)* ¡En cuestión de cuarenta y ocho horas había conseguido una cama! Nunca le preguntamos cómo lo hizo. *(Grandes carcajadas.)*

Consiguió una cama en Basilea. Yo tenía a mi madre en Zurich que, como sabéis, está bastante lejos, y ella consiguió la cama de alguien que acababa de morir. Le pasaron la cama sin más, rápido.

El viaje de Zurich a Basilea con mi madre fue el mejor viaje que he hecho en toda mi vida con un paciente gravemente enfermo. Antes del viaje tuve que vaciar su casa. ¿Sabéis lo que implica regalar todas y cada una de las cosas que pertenecen a tu madre? *(Con la voz levemente entrecortada.)* Y ella aún estaba viva, pero sabes que nunca podrá volver a... Cuadros, libros, ropa, absolutamente todo. Además, era *mi* último hogar, ¿sabéis?, así que también me deshice de la posibilidad de regresar a casa, aunque no sé qué sería eso.

Hice una lista de todas las cosas a las que ella tenía algún cariño, como... Un día le compramos un sombrerito de visón, la Navidad siguiente le compramos el cuello del abrigo. Todas habíamos ahorrado dinero para comprarle era sombrerito y el cuello del abrigo de visón. Ella se sentía muy orgullosa de tener el sombrerito de visón, pues mi madre era una mujer de origen muy modesto.

Hice una lista de todas estas cosas y alquilé una ambulancia que nos llevara a ella y a mí de Zurich a Basilea. También compré una botella de ponche de huevo; un ponche de huevo con especias llamado «Ei-cognac». Es más coñac que huevo. *(Risas del público.)* Creo que aquí no hay de esto. Es una bebida holandesa deliciosa. No sabes que es alcohol pero lo *sientes*. Nadie de la familia bebe nunca alcohol, pero ahora yo necesitaba una botella de coñac de huevo.

Mi madre y yo fuimos a Basilea en la ambulancia. Tenía una lista maestra de todas sus cosas para las que había que encontrar un destino, ¿sabéis?, todas las cosas a las que ella tenía cariño. Y le dije que hiciera [el sonido] «jrrr» cuando diera con la persona idónea para las cosas.

Para todas y cada una de sus cosas que figuraban en mi lista fui pasando por todos los posibles candidatos, como la mujer del cartero y la mujer del lechero. Decía un nombre y no pasaba nada, decía otro nombre y aún no pasaba nada, y decía otro nombre y cada vez que mencionaba a la persona idónea, ella emitía de pronto un «Jrrr», y entonces yo anotaba junto al sombrero o al cuello de visón quién se lo iba a quedar. Y cada vez que dábamos en el clavo, tomábamos... *(muestra cómo tomaban un sorbo de coñac de huevo)* tomábamos un trago. *(Risas del público.)* Y cuando llegamos a Basilea la botella estaba vacía, pero *(con voz alegre)* la *lista* estaba completa. Ése fue el último asunto que tenía pendiente con mi madre y fue el viaje más divertido que he hecho jamás en mi vida con un paciente.

Pero entonces ingresó en ese hospital, que era un edificio de unos doscientos años, y ¡todas las barandillas eran de madera dura y era imposible moverlas!

En el hospital de Basilea le quitamos el «sonajero». ¿Sabéis?, era su juguete, la única manera que tenía de expresar su rabia y su impotencia. Y yo pensé: «Bueno, le durará sólo unos días, y hasta entonces aguantará bien».

Pero ella *existió* así durante cuatro años. ¡Cuatro años! Ni un sonido. Ninguna manera de expresarse. Y me miraba fijamente y yo me sentía culpable, y ella tenía el arte de hacer que me sintiera culpable con sólo mirarme.

Yo estaba furiosa con Dios. No sabría deciros cuánto, pero de haber podido lo habría hecho trizas. Utilicé todos los idiomas, suizo, francés, italiano, inglés, todos. No se movió. No respondió. No *nada*.

Y le dije: «Eres un...» *(en tono acalorado)* en *nuestro* idioma. Y no obtuve ni la más mínima reacción de Él. Eso me puso aún más furiosa.

Ya sabéis, le podéis insultar con todos los nombres posibles, y Él se queda ahí sentado y os ama. *(Gruñe, fingiendo estar enfadada. Risas del público.)* Es como cuando estás superenfadada y alguien viene y te dice «Guapa», serías capaz de matarlo. Lo que pasa es que Él ya está *muerto*. Ni siquiera lo puedes matar. Y pasé por toda la rabia, la negociación, la depresión y la culpabilización y toda la mandanga.

Esa rabia que sentía duró no sólo los cuatro años que ella siguió *existiendo* en ese cuerpo, sino que durante semanas y meses después de su muerte, yo seguí intentando reconsiderar mi opinión de Dios. Necesitaba con toda el alma resolver esta cuestión. Pensaba para mí: «No puede ser tan... Pero ¿cómo puede ser que un Dios amable, compasivo y comprensivo deje sufrir a esta mujer que ha dedicado setenta y nueve años a amar, a dar, a cuidar y a compartir?». Quiero decir, ése no es Dios. Ése es el otro, y no quiero tener nada que ver con él, ésa era mi opinión.

Entonces, meses después de morir mi madre —ni que decir tiene que estábamos muy aliviados y que nos alegramos cuando finalmente murió— tomé la... No sé cómo decirlo, pero un día reconsideré mi opinión de Dios. Y en el momento en que me di cuenta de lo que estaba pasando, el impacto fue fulminante. Y dije: «Gracias, gracias, gracias, gracias, eres el hombre más generoso que jamás ha existido». Y es que yo tenía algo con los hombres egoístas. *(Risas del público.)* Los hombres egoístas eran mi obsesión en el primer taller que hice. Así que decirle a Él que era un hombre generoso constituía el halago más grande que le podía hacer a Dios y ¡tenía que ser un hombre, no una mujer!, porque tenía una obsesión con los hombres egoístas, no con las mujeres egoístas. Así que cuando *por fin* llevé a cabo esta reconsideración, el impacto fue fulminante, y dije: «Eres el hombre más generoso que jamás ha existido».

¿Sabéis?, lo que entendí de repente aquel día, es que de una manera u otra aprendes, comprendes, y *tú mismo* eres responsable de lo que aprendes —y como al menos yo lo *sabía*, esto no me tendría que haber costado tanto—, y al final entendí lo que Él había hecho por ella, y eso es algo que sólo se puede ver a cierta distancia. Por eso cuando estás sentado encima, cuando estás sentado al lado de tu hermano, eres tan poco objetivo que no puedes ver. Pero si te vas a Tombuctú, o si te adentras en un paisaje virgen y meditas, o si te vas a Arizona y te alejas de todo, o hagas lo que hagas... Hace falta cierta distancia para ver con claridad.

Y con mi distancia de mi madre que sufría terriblemente y hacía que me sintiera culpable con sólo mirarme, por fin vi que este Dios es tan generoso porque le permitió dar y dar y dar y amar durante setenta y nueve años, y ella sólo tuvo que aprender a recibir durante cuatro años.

¿Entendéis lo que os digo?: «G e n e r o s o».

Hoy en día, cuando veo a alguien que simplemente tiene que aprender por la vía difícil porque no aprendió por la vía fácil, sé con seguridad que Él es quien está actuando. Pero no se nos enseña esto. Sin embargo, fijaos que sí nos lo enseñaron antes, y entonces sí sabíamos con certeza que nosotros mismos somos responsables de lo que sea que no oímos, que no podemos oír. Eso es lo que quería decir con que os cae un palo de dos por cuatro encima de la cabeza. Si no reconocéis ese dos por cuatro, la próxima vez os caerá un palo aún más grande encima de la cabeza, que quizá llegue incluso a romperos la crisma.

Durante aproximadamente un año, mis alumnos me enseñaron que tenía que relajarme, que tenía que aprender D & R. No sabía qué era eso de D & R. No existía en mi vocabulario. Tantas veces que pregunté lo que era, y siempre me decían que D & R significa Descanso y Relajación. Al cabo de dos minutos, ya me había olvidado, y yo seguía, seguía, seguía, y no lo hacía.

La última vez que pregunté me dijeron: «Ahora sí que tienes que relajarte. Ve a dar un paseo, no puedes hacerlo todo, pero tienes que aprender a descansar. No puedes seguir así diecisiete horas al día, siete días a la semana». Y sí, escuché lo que me decían, claro, y pensé para mí que lo haría en cuanto tuviera un momento.

Luego, en agosto de mil novecientos ochenta y ocho, tuve la primera embolia y me quedé paralizada, y no podía hablar.

A principios de diciembre de mil novecientos ochenta y ocho, me dijeron que si ahora no practicaba en serio lo de D & R, me cogería otro... «popra» creo que lo llamaban... es una pequeña embolia.

Si no aprendes con la primera lección, te dan otra pero más difícil aún. Así que ahora practico D & R y éste es mi primer taller desde hace siglos en el que estaré presente sólo un rato.

Pero *si* yo le hubiera dado a mi madre una sobredosis —y ahora respondo a tu pregunta— mi madre *habría* tenido que volver, habría tenido que empezar desde cero, y aprender a recibir. Quizá habría tenido que nacer con la espina bífida, o nacer paralizada, o incontinente, o algo, para que alguien tuviera que limpiarle el «pompis»... ¿cómo se dice eso? ¿Limpiarle el...? Y quizá también habrían tenido que darle de comer y hacerlo *todo* por ella, para que ella se viera *obligada* a aprender a recibir.

Pero al decir «NO», porque la amaba de verdad —todavía la amo—, ella pudo ahorrarse toda una vida de agonía. ¿Entendéis lo que quiero decir con eso?

No podéis *rescatar* a las personas, pero si lo hacéis, aún tendrán que aprender la lección de la que las rescatasteis. Y el motivo es el mismo que cuando no puedes presentarte a un examen por otra persona y hacerle la prueba para que obtenga un diploma si es estudiante de medicina, o el certificado de estudios si es alumno de instituto. Cada quien tiene que hacer lo suyo. El amor, el amor verdadero es la respuesta. Mis maestros me dan la mejor definición de lo que es en verdad el amor: el amor verdadero significa que los dejas aprender sus

142

propias lecciones sin rescatarlos. El amor es saber cuándo ponerle ruedas de apoyo a la bicicleta de un niño y también saber cuándo quitárselas. Eso es amor. Quitarle las ruedas de apoyo es mucho más difícil que ponérselas, pero a la larga *tendrás* que quitárselas.

Así que si alguien quiere que lo rescaten —en este sentido de la palabra— decidle con amor que lo que sea que él aprenda de su angustia, *él* lo eligió a fin de superar con éxito sus propias pruebas, y si tejéis un engaño y se lo ponéis más fácil, entonces le arrebatáis la posibilidad de un salto cuántico en su progreso, y os odiará durante Dios sabe cuánto tiempo por haberle quitado la última oportunidad de aprender esa lección concreta.

¿Lo entendéis todos? Hay una línea muy fina entre ser un *rescatador* y ser un *ayudante* de verdad, un ser humano decente. Es muy importante que lo entendáis.

(Una mujer del público piensa que Elisabeth se contradice cuando dice que habría que abstenerse de rescatar a alguien que se encuentra en una situación difícil y os pide ayuda.)

No, claro que podéis ir hasta el extremo de agotar vuestros recursos: si conozco a alguien que sufre mucho dolor a causa del cáncer, le administro un analgésico. Si conozco a alguien al que puedo verificar como víctima de una psicosis maníacodepresiva sin diagnosticar, naturalmente le administro litio. Hasta aquí podéis llegar como personas dedicadas a la atención sanitaria. Existe un límite para lo que podéis gratificar en términos de lo que os piden. El amor verdadero implica decir: «No, gracias. Esto es todo lo que puedo hacer por ti. Y el resto, lo tienes que hacer solo».

Sí, es difícil, no es fácil. En muchas ocasiones, no sé si está bien incluso alargarle la vida a alguien. Es posible que no sean capaces de funcionar más en la vida, en ningún sentido, y como médica, mi formación me enseñó a emplear todos los aparatos y técnicas que existen para sostener la vida. Pero sé que si fuera yo, no querría que fuera así. Pero aquí en Estados Unidos se ponen pleitos por este tipo de cosas. Estás obligado a hacerlo.

En segundo lugar, si hay un miembro de la familia que os

echa el mal de ojo, diciendo que no habéis probado esto o lo de más allá, entonces tendréis que decidir si preferís gratificar las necesidades verdaderas del paciente o si vais a ocuparos de ese familiar que tiene tantos asuntos pendientes con el paciente que no es capaz de dejarle ir. No todo es blanco y negro. No es para nada fácil.

La eutanasia activa es, en mi opinión dogmática, un NO al ciento cincuenta por ciento. Porque no se sabe por qué estas personas tienen que pasar por esa lección concreta. Y si intentáis rescatarlas, estaréis condenados. ¿Entendéis lo que quiero decir? Es muy importante.

(Pregunta desde el público: «¿Podrías explicar cómo el deshacerte de tus asuntos pendientes te ayuda a crecer espiritualmente?».) Para mí, es la única manera. ¿Cuánto tiempo tienes? *(Risas del público.)* Os contaré brevemente cómo me deshice de mi Hitler, si no os importa. Me llevará al menos quince minutos.

Mi padre

Hay que ser sinceros. Es un requisito absolutamente básico. No podéis ser farsantes. Y no me refiero a serlo con otras personas sino cada uno con uno mismo. Cuando os ponéis insoportables, negativos, rabiosos, odiosos, cualquier cosa desagradable, tenéis que reconocer que es *vuestro* problema y no el de vuestro prójimo.

Veréis, yo organizo talleres en todo el mundo para ayudar a personas a deshacerse de sus asuntos pendientes. Hace varios años me invitaron a ir a Hawai para dar un taller. Siempre buscamos conventos viejos porque tienen mucho espacio, su entorno es precioso, la mayoría están vacíos, no son demasiado caros, y la comida se puede aguantar. Éstos son nuestros requisitos básicos. Y también, naturalmente, que cuando grites no venga la policía a ver qué sucede. Así que tiene que estar en un lugar forzosamente apartado.

Y en Hawai no encontrábamos un sitio. Estábamos a punto de abandonar la idea cuando me llamó una mujer y me dijo: «Doctora Ross, tenemos el lugar idóneo. El único problema es que sólo os lo podemos ceder para el mes de abril del año que viene». Yo siempre tengo la agenda ocupada con dos años de antelación, así que eso no me molestó. Además, he tenido tantas experiencias increíbles que sé que siempre estoy donde tengo que estar en el momento justo. Así que, ¿por qué preocuparse por los detalles?

No me molesté en los detalles. También me he metido en muchos líos a causa de ello. Pero bueno, les dije: «Sí, perfecto, aceptamos». Y les envié un talón por mil dólares y me olvidé del asunto.

Al cabo de más o menos un año y medio, llegó el momento de comprar el billete de avión para la isla en cuestión y tuve que concentrarme en los detalles. Y cuando recibí la carta con los detalles sobre las horas y el lugar y la fecha, cogí una rabieta infernal. Me puse tan insoportable y tan desagradable que no os lo podéis ni imaginar. Quiero decir, me duró más de quince segundos. Más, como quince días. *(Risas del público.)*

Quiero decir, me puse más insoportable de lo que recuerdo haberme puesto desde las rabietas que tenía a los dos años de edad. Cuando tu cuadrante emocional reacciona con desmesura, tu cuadrante intelectual viene a rescatarte en seguida. Porque jamás serías capaz de reconocer que ésa eres tú. Así que la mente me dijo inmediatamente: «¡Esos imbéciles! ¡Me han dado Semana Santa! Semana Santa para celebrar uno de mis talleres, ¡es imposible!». Y les eché la culpa a *ellos* por haberme dado la semana de Pascua. Me dije: «¿Sabéis?, tengo mis hijos en casa; ¡y viajo demasiado!, y no los veo lo bastante. La próxima vez *ellos* me quitarán no sólo la Semana Santa, sino que *ellos* me quitarán la Navidad. ¡Para qué soy madre, nunca veo a mis hijos, y es todo por culpa de *ellos*!».

Luego pensé: «Qué ridículo. Podría pintar los huevos de Pascua el fin de semana anterior, o el siguiente, así que no puede ser *tan* grave».

Pero mi siguiente argumento defensivo fue: «No, la Semana Santa es fatal para un taller porque los católicos no vienen. Tampoco vienen los buenos judíos porque coincide con la Pascua judía. Y celebrar un taller con sólo protestantes, no lo aguantaré». *(Risas y aplausos del público.)* La verdad es que lo digo muy en serio porque para mí la belleza de mis talleres está en que vienen de todas las razas, todos los credos, todas las edades: desde niños moribundos de once años a viejecitas de ciento cuatro años. Y si tienes sólo un tipo de persona, no aprendes que todos somos iguales, que provenimos del mismo origen y regresamos al mismo origen.

Tenía muchas excusas, pero no os voy a incordiar con todo eso. Se me daban *muy* bien. Quiero decir, soy psiquiatra. Se me ocurrieron excusas *muy* buenas para justificar mi enfado, ¡no tenéis ni idea! ¡Pero nada me funcionó! ¡Nada!

Tomé el avión a Hawai, con un mal humor increíble. Incluso me enfadé con mis vecinos de asiento por beber alcohol y un montón de cosas más. Quiero decir, me puse insoportable.

Cuando vi el lugar que nos habían dado y cuando me asignaron mi habitación —era un internado para niñas— me enfadé de nuevo. Estuve a punto de matar al tipo que me dio la llave de la habitación. Y tenéis que entender por qué reaccioné de forma tan desmesurada. Yo nací trilliza. Es una pesadilla ser trilliza, porque en aquellos tiempos, como sabéis, teníamos los mismos zapatos, los mismos vestidos, la misma ropa, las mismas cintas de pelo, las mismas notas de curso porque la maestra no sabía quién era quién, así que nos ponía a todas aprobados justitos.

Incluso teníamos orinales idénticos. Y teníamos que hacer pipí a la misma hora y no nos dejaban levantarnos de la mesa después de cenar hasta que hubiéramos acabado las tres. En realidad es una gran bendición, lo sé ahora, y sin eso, no me cabe ninguna duda de que no habría podido llegar hasta aquí. Porque luego, cuando me convertí en un personaje público, fui capaz de dar una charla ante dos mil o tres mil personas en Nueva York, y luego firmar trescientos libros, irme a la carrera al aeropuerto Kennedy, llegar justo a tiempo para el avión, y entonces *sí* que tenía que ir al baño. Me metía en el lavabo rápidamente y en cuanto me sentaba en la taza, aparecía una mano por la puerta con un libro: «¿Me firma un autógrafo?». *(Gran carcajada del público.)*

¿Entendéis por qué tuve que crecer como trilliza? Fue una preparación para el trabajo de mi vida.

Así que si vosotros, como yo, nunca jamás tuvisteis un espacio íntimo, seréis muy sensibles a las necesidades de otras personas en relación a *su* espacio íntimo. Al entrar al dormitorio del internado para niñas que estaba preparando para mi taller, supe que este... (le llamé «sinvergüenza»)... este sinvergüenza había enviado a todas las niñas a casa durante Semana Santa para poder alquilar las habitaciones y ganarse diez mil dólares. Que quisiera ganar dinero lo entiendo, pero lo que no podía perdonarle de ninguna manera a ese tipo era que no les dijera a las niñas que otras personas iban a alojarse en sus habitaciones. Y cualquier madre sabe que los niños no dejan determinadas cosas en la mesa si saben que otra persona va a quedarse ahí, ¿verdad?

Así que para mí era como si entrara en el espacio sagrado e íntimo de una niña. Y sentí en lo más hondo que no sería capaz de usar su cama ni su espacio. ¡Estaba *tan* enfadada!

Luego ese señor cometió el error de invitarse a mi taller. Y yo lo odiaba tanto que no pude decirle que no. Más tarde, a la hora de cenar se acercó a la punta de la mesa donde comía *mi* grupo, y dijo con una sonrisa dulce: «Su grupo come demasiado». ¿Y sabéis qué hice? ¿Yo, una maestra del amor incondicional? Me acerqué a cada uno de los participantes del taller y les dije: «¿No te apetece acabar estos espaguetis? ¿Te gustaría acabar estas albóndigas que quedan? No queremos que quede nada. ¡Acabemos la ensalada! ¡Aquí tienes, otro panecillo!». Era como una obsesión. Era incapaz de levantarme de la mesa mientras quedara una sola miga de pan. Ésa fue mi venganza.

Pero quiero que me entendáis, yo no lo sabía entonces. Estaba obsesionada: «Le voy a demostrar a este tipo que *mi* grupo puede comer». Y a los que comieron cuatro veces, los amé cuatro veces más que a aquellos que se sirvieron poco. Claro que me sentía mala, pero es que no podía parar. No podía parar mientras quedara algo de comida en la mesa.

Y luego, por la noche, hicimos la prueba de los dibujos. Entregamos a los participantes una hoja de papel y una caja de colores. Y el tipo ése dijo con tono alegre: «Diez centavos la hoja de papel». ¡Esto es un colegio! Sesenta y nueve centavos para *usar* una caja de colores. Veinticinco centavos por cada taza de café. Esto duró toda la semana. Cinco centavos, veinticinco centavos, diecisiete centavos.

El miércoles estábamos sentados en mi taller, y yo hablaba sobre el amor incondicional. Pero era incapaz de mirarle a la cara a ese tipo, porque habría pasado algo. *(Risas del público.)* Y yo estaba sin fuerzas, como no podéis ni imaginar. Estaba agotada de tanto reprimirme. Y no sabía lo que estaba pasando.

Luego, ese miércoles, me di cuenta de que estaba fantaseando en serio de cómo me gustaría pasar al tipo ése por una máquina de picar carne.

Llegado el jueves, quería ponerle iodo en cada pedazo de carne que le cortaba. *(Risas del público.)* Y llegado el viernes, no recuerdo lo que era, pero era algo bien desagradable.

Así que el viernes, al mediodía, abandoné el taller. El taller fue un éxito salvo que *yo* estaba echa polvo. No me quedaba ni un gramo de energía. Y normalmente trabajo siete días a la semana diecisiete horas al día y soy muy vivaracha.

Sabía que alguien que yo no conseguía identificar había activado el botón del Hitler que tengo en mi interior. Jamás me había sentido tan sucia, tan mala, tan cruel, tan desgradable, es que no os lo podéis imaginar. Así que me fui de ese lugar a toda prisa antes de que hubiera un homicidio. *(Risas del público.)*

Cuando subí al avión, apenas pude con la escalera. Estaba físicamente muy agotada. Primero fui a California, donde tenía que ver a mis amigos, y luego había pensado irme a Chicago donde esperaba pasar un domingo de Pascua maravilloso. En el avión de camino a California, no paraba de devanarme los sesos: «¿Qué había activado ese tipo, qué clase de botón había activado én mí?».

Al aterrizar en California me di cuenta súbitamente de que soy muy alérgica a los hombres egoístas. Cuando digo «hombres egoístas» me refiero a los que llamamos «tacaños». Hasta ese momento ya era plenamente consciente de que si él hubiera sido lo bastante honesto como para decir: «Necesitamos dos mil dólares más. Hemos cometido un error en el cálculo de los costes», yo le habría hecho el talón. Pero cuanto menor era la suma, más capaz era de matarlo.

No sabía de dónde me venía todo eso. No tenía ni idea.

Toda persona que quiera trabajar en Shanti Nilaya tiene que comprometerse a dos cosas: una, que haga tanto las visitas domiciliarias como su trabajo con los pacientes sin coste alguno, así que no puede cobrar ni un duro. La otra, mucho más difícil de cumplir, es que cada vez que entra en contacto con el Hitler que alberga en su interior, trabaje a fondo hasta deshacerse de él. Es evidente que uno no puede ir por ahí predicando algo y luego no practicarlo. Así que yo sabía que tenía que deshacerme de ese algo, aunque no supiera de qué se tratara...

También tenemos una norma: que nunca puedes pedirle a alguien algo más de tres veces. La razón para ello es que si le pides a alguien algo más de tres veces le privas de la libertad de acción. Y tiene que ser *su* decisión si lo que le pides te lo ha de dar libremente.

Así que ahora, cuando iba de camino a reunirme con mis amigos en California, pensé que tal vez bastaría con tres preguntas sobre el taller. Y llegué y me preguntaron: «¿Cómo fue el taller?». Y yo dije: «BIEN».

«¿Cómo fue tu taller?», me preguntaron de nuevo, captando el tono brusco de mi voz. Agregué un par de palabras antes del «bien» y mi respuesta sonó de lo más desagradable.

La tercera vez que me lo preguntaron hicieron lo peor que se le puede hacer a una persona que está enfadada, y es mostrarse cariñosos con ella. Me pusieron la mano encima y de la forma más *cariñosa* posible dijeron: «Cuéntanoslo todo sobre los conejitos de Pascua».

Y yo estallé. Dije: «¡Conejitos de Pascua! Estáis de broma. Tengo cincuenta años. Soy médica. Soy psiquiatra. Ya no creo en los conejitos de Pascua». Les lancé un discurso increíble, y al final dije: «Si queréis hablar de esa manera con vuestros clientes, ya sabéis, es asunto vuestro, pero conmigo *no*». Y en el momento que dije «conmigo no» me eché a llorar, y lloré durante ocho horas.

Y salió todo mi caudal de asuntos pendientes, reprimido durante casi medio siglo, salió y salió y salió como un océano interminable. Y al compartir el dolor y la angustia y las lágrimas y la agonía y la injusticia, llegó el recuerdo, como siempre después de vaciar tu caudal. Y al expresar mis emociones —mis emociones reprimidas— volvió el recuerdo de cuando era muy, muy pequeña…

Mi hermana, una de las trillizas, estaba eternamente en el regazo de mi padre. Mi otra hermana, también trilliza, estaba eternamente en el regazo de mi madre. No había un tercer regazo. Debí esperar Dios sabe cuánto tiempo para que uno de ellos me tomara entre sus brazos. Y como no me abrazaban nunca y nunca me ponían en su regazo empecé a rechazarlos a *ellos* porque de otro modo no era capaz de soportar la situación. Y me convertí en una niña de dos años muy arrogante, que les decía inconscientemente: «Yo no te necesito. No me toques». ¡Vaya, que soy independiente!

Mis objetos de amor fueron los conejitos. Tenía conejos. Y ahora sé que ellos eran los únicos seres vivos que me diferenciaban de mis hermanas, porque yo les daba de comer y siempre venían cuando me acercaba a ellos. Los quería más que a nada. Y estoy segura de que a las personas las podrían criar los animales. Estoy completamente segura.

Mi problema era que mi padre era un suizo austero. Son

todos sobrios, pero no tacaños. Espero que comprendáis la diferencia. (*Risas del público.*)

Cada seis meses le entraba el deseo de hacer un asado. Se podría haber permitido el lujo de *cualquier* asado, pero *él* tenía el deseo de hacer un asado de conejo. Hace cincuenta años eran muy autoritarios, así que me ordenó que eligiera uno de mis «objetos de amor» para llevarlo al carnicero. Y *yo* tuve que elegir —¿sabéis?, como un verdugo—, elegir un conejo, ¿a cuál le tocaría? Tuve que elegir a uno de *mis* conejos y tuve que hacer el camino de bajada por la montaña cargando con mi conejo media hora hasta llegar al carnicero. Fue una tortura. Entonces tuve que entregárselo al carnicero y al cabo de un rato salir con una bolsa de papel en la que había metido la carne aún caliente. Y tuve que subir por la montaña la carne otra media hora y entregársela a mi madre en la cocina. Luego tuve que sentarme a la mesa y contemplar a mi familia mientras se comían a mi amado conejito.

Puesto que era una niña arrogante que ocultaba mi inseguridad y mi inferioridad con arrogancia, tuve mucho cuidado de que no se dieran cuenta de lo muy dolida que me sentía. Lo entendéis: «Si no me amáis, tampoco os diré lo mucho que esto me duele». Nunca dije nada. Nunca lloré. *Nunca* compartí ni con un solo ser humano mi dolor y mi angustia y mi tortura. Lo reprimí todo en mi interior.

Tardé unos seis meses en recuperarme y llegada esta fecha, ya había llegado el momento del siguiente asado de conejito.

Pues, en este estado de regresión, cuando me vinieron todos esos recuerdos y fluían las lágrimas, volví a tener seis años y medio y recordé, como si fuera ayer, que estaba arrodillada en el césped hablando con mi último conejito que, además, era al que más quería. Se llamaba *Blackie*. Era totalmente negro y de lo más precioso, y bien alimentado con hojas tiernas de diente de león. Le rogué que se escapara, pero me quería tanto que no se movió. Así que tuve que llevarlo también a éste al carnicero.

Fui y le entregué a *Blackie*. Y al cabo de un rato salió con la bolsa de papel y me dijo: «Es una lástima que me hayas tenido que traer este conejo. Dentro de un par de días habría tenido conejitos». Yo no sabía siquiera que fuera hembra...

Me fui caminando a casa como un robot. Nunca más tuve conejos. Nunca jamás compartí mi dolor y mi angustia.

Hoy —como psiquiatra— comprendo que después de sacrificar a ese último conejito tuve que reprimirme para no ser consciente de todas las lágrimas y gritos que encerraba en mi interior. Cada vez que me encontraba con un hombre austero, me veía obligada a reprimirme, más y más y más.

Medio siglo después me topé con ese tipo tan austero. Y casi lo mato. No lo digo simbólicamente. *(Risas del público. Elisabeth responde:)* No, tengo que decirlo para que lo sepáis. Si el viernes por la mañana ese hombre me hubiera pedido un duro más, ahora él estaría muerto y yo en la cárcel. *(Risas del público.)* Y *no* lo digo en broma. Había llegado al final de la cuerda, porque se me venían abajo todas mis defensas.

Le doy gracias a Dios que tenemos este método de exteriorización que usamos en los talleres, porque cuando expresé todo esto con mis amigos en California, fui capaz de correlacionar y de comprender de dónde se me venía mi alergia a los hombres «tacaños». Ahora puedo encontrarme con cien hombres tacaños, y pienso que es su problema. Ya no es *mi* problema.

Diagnosticando a los conejitos negros

En agradecimiento por haber estado en un lugar seguro con personas que fueron capaces de ayudarme a diagnosticar este asunto pendiente, regresé a Hawai y solicitamos permiso, en una cárcel, para diagnosticar el «conejito negro» que había en cada uno de los presos. Nos llevó mucho tiempo hasta que decidieron confiar en nosotros. Pero a la larga nos dieron permiso para hacer lo que quisiéramos. Hace dos años soltaron al primer «criminal» bajo nuestra custodia. En la actualidad, este hombre emplea el dolor y la angustia de su vida para ayudar a que otros jóvenes no acaben en la cárcel.

Cuando compartí mi historia del conejito negro en esa cárcel, un viejo me preguntó: «¿No tiene miedo de estar aquí encerrada con todos estos criminales?». Yo le dije: «Si usted es un criminal, yo también soy una criminal». Y espero que entendáis que lo digo muy en serio. Existe esta posibilidad en todos nosotros.

Le conté mi historia del conejito negro. Y un hombre joven, jovencísimo, que podría haber sido mi hijo (ni siquiera tenía barba todavía) pegó un salto y dijo: «Dios mío, ahora sé por qué acabé en la cárcel».

Compartió con nosotros una historia muy breve. Dijo que cuando tenía catorce años y medio, estando un día en el colegio, tuvo de repente un impulso increíble: tenía que ir a casa. Cuando se tiene ese impulso increíble sin conocimiento del propio intelecto, significa que proviene del cuadrante intuitivo. Eso me indicó, ya desde un principio, que para que un muchacho de catorce años y medio tuviera esa conciencia, es que lo habían criado con mucho amor.

Y él se dejó guiar por ese impulso y se fue corriendo a casa. Entró en la sala de estar principal. Los niños hawaianos no entran en la sala de estar, pero él entró directamente y vio a su padre, medio tumbado, medio sentado en el sofá con la cara completamente gris. Dijo que le tenía tanto amor a su padre que no tuvo que gritar, que no tuvo que llamar a nadie. Simplemente se sentó detrás de él y rodeó a su padre con los brazos y no hizo más que amarlo.

Al cabo de unos diez minutos se dio cuenta de que su padre había dejado de respirar. Dijo que fue un momento de una paz tan increíble que no quiso salir a buscar a nadie, sólo quería estar ahí sentado un ratito más.

En ese instante, entró su abuela paterna. Una mujer con terribles problemas de rivalidad y envidia. Soltó un grito y le echó la culpa de haber causado la muerte de su hijo. Y él nos dijo: «Me reprimí. No quería estropear ese momento sagrado». Así que no respondió a las acusaciones de su abuela.

Tres días después, durante el funeral hawaiano, donde estuvieron presentes toda la comunidad y toda la familia, esta abuela volvió a montar el escándalo y le echó la culpa al chico en público por la muerte de su padre. Y de nuevo él nos dijo: «Simplemente, tenía que quedarme callado. No quería estropear el funeral de mi amado padre».

Dos años y medio después lo encontraron fuera de un supermercado con un... ¿cómo se llaman esas cosas?... una escopeta de cañones recortados... sosteniéndola contra la sien de una vieja de aspecto cascarrabias y amargada. Se quedó ahí parado, Dios sabe cuánto tiempo. Y al cabo de un rato la miró a la cara y dijo: «Dios mío, ¿qué estoy haciendo aquí? No quiero hacerle daño». Se disculpó, tiró la escopeta y se fue corriendo a casa.

Pero en una comunidad, ¿sabéis?, te conocen todos. Le cayeron veinte años de cárcel.

No existen los seres humanos malos. Hay un hermoso libro para niños que es una colección de cartas a Dios escritas por niños. Una carta dice: «Dios no hizo la basura». ¿La recordáis? Todo el mundo nace perfecto. Si tu cuadrante físico no es perfecto, recibes el don de un cuadrante espiritual más abierto. Todo el mundo es perfecto. Y si acaban poco perfectos, es porque no experimentaron el amor y la comprensión suficientes.

Así que espero, ahora que es Semana Santa, un tiempo maravilloso para hacer este tipo de trabajo, que busquéis vuestro propio conejito negro, y que cuando veáis a una persona que odiáis, intentéis comprenderla y no juzgarla.

(Con una voz cálida, risueña y alegre:) ¡Gracias y que paséis una feliz Semana Santa! *(Aplausos.)*

Virginia Beach, 1985

Conferencia de Barcelona

Presentación

Queridos amigos, soy fundadora y directora de la editorial que escogió traducir cinco obras de Elisabeth Kübler-Ross, por lo que tengo ahora mis emociones terriblemente a flor de piel. Escogimos este lugar cuatro personas, pensando que era de Barcelona el que tenía mayor aforo. Aquí caben cuatrocientas cincuenta personas, pero nos han dado cincuenta sillas más. No hay nada mayor en Barcelona por el momento, salvo el Palau Sant Jordi, claro. ¡La próxima vez lo haremos en el Palau Sant Jordi! *(Aplausos.)*
Entonces, quisiera olvidarme de todo protocolo, sólo quisiera agradecer a las personas que hoy han luchado denodadamente por atravesar esta masa de amigos; presentarles al profesor Ramón Bayés, profesor de psicología básica de la Universidad Autónoma de Barcelona. Él es una persona que conoce bien el trabajo de Elisabeth. Presentarles, por supuesto, a Elisabeth Kübler-Ross, y también al reverendo padre José María Pilón S. J., que ha venido desde Madrid; él es profesor de Ciencias Parapsicológicas, alguien que también aprecia desde hace mucho tiempo el trabajo de Elisabeth y nos está ayudando a difundirlo desde el centro de España, tanto desde la perspectiva de su saber como de su función como sacerdote. También nos acompaña el reverendo padre Enrique Seguí S. J., que está haciendo un trabajo con todos, o con muchísimos, jóvenes que hay en Barcelona con problemas. Él tiene una experiencia muy grande y le agradezco infi-

nitamente que nos esté acompañando en este momento. No quisiera olvidar a Angie Carmelo, que es una ayuda importantísima para Ediciones Luciérnaga. Por lo tanto, paso rápidamente la palabra al profesor Ramón Bayés, quien va a hacer la introducción. Gracias.

Profesor Ramón Bayés

A mí me han pedido que presente a la doctora Kübler-Ross y yo encuentro que esto es totalmente superfluo, aunque es un honor para mí presentar a alguien que no necesita en absoluto presentación, como se demuestra por la cantidad de personas que están aquí. Por lo tanto no tengan miedo porque seré muy breve, porque lo que todos queremos es escucharla a ella. Simplemente quisiera de alguna forma decir que más que unas palabras, lo que reciben aquí, lo que recibe la doctora Kübler-Ross —que no es la primera vez que está en Barcelona, entre nosotros—, no es tanto palabras, sino hechos. Los hechos son vuestra presencia, los hechos son la cantidad de libros ya traducidos, alguno también al catalán, *La mort una aurora*; el número de reediciones, que en sí mismo es un acontecimiento totalmente insólito en la actualidad del mundo editorial. Y otra cosa que también le da la bienvenida, más que unas palabras, yo creo que es precisamente la sensibilidad que existe hoy en Cataluña por todo el problema de los moribundos y el problema de la muerte. Creo que una prueba de ello puede ser, de alguna forma, el primer Congreso de Cuidados Paliativos celebrado en Vic, que reunió a casi mil personas, mil sanitarios, para trabajar el problema de los cuidados paliativos. También lo es el plan quinquenal de la Generalitat, bajo los auspicios de la OMS sobre cuidados paliativos, porque existe una gran sensibilidad, cada vez mayor, hacia este campo.

Hay dos personas que, desde este punto de vista, cuando trato este tema o cuando lo estudio, me han interesado: una es Cecily Saunders y la otra es Elisabeth Kübler-Ross. Yo creo que son dos personas que han roto moldes, que han profundizado siguiendo dos vertientes. Una vertiente es la de estudio y de profundización en un campo, y otra la de llevar realmente consuelo a una gran cantidad de personas. Nada más pues, creo que es totalmente superfluo que me estéis escuchando a mí, todos habéis venido a escucharla a ella, por lo tanto, decirle simplemente: doctora Kübler-Ross, ¡muchas gracias!

Rvdo. padre Pilón

Yo quisiera rendirle desde aquí públicamente un testimonio de admiración, de cariño y de gratitud, porque puedo decir, y con toda sinceridad, que a mí personalmente me ha hecho muchísimo bien. El primer contacto que tuve con sus obras hace muchos años fue con ese librito, que está todavía sin traducir del alemán llamado *Interviews mit Sterbenden (Entrevistas con moribundos)*. Después, Pilar publicó *La muerte: un amanecer*, que para mí es, quizás, uno de los libros más bellos que yo he leído sobre este tema, actualmente tan de moda y por el que hay tanta gente interesada, el tema de la muerte. Después tradujeron *Vivir hasta despedirnos*, que es otra maravilla, y por fin la obra que hoy presenta: *Los niños y la muerte*.

Yo admiro en la doctora Kübler-Ross, aparte de esta vivencia profunda que ella tiene del misterio, que parece que lo ha develado, el misterio de la muerte, que quizá desde el punto de vista, ya hablando como sacerdote, desde el punto de vista de la fe, tenemos una cierta manera de descubrir el misterio de ese más allá y de esa resurrección a que todos aspiramos, lo importante, lo interesante, es que ella lo trata desde el punto de vista clínico. Desde el punto de vista clínico ella, de alguna manera también, nos devela lo que nos espera, ese amanecer que nos aguarda después del hecho de lo que llamamos morir, o mejor, el fallecimiento de la parte puramente corporal del ser humano. Pues digo que solamente mi gratitud a ella y mi admiración por esa entrega total, una mujer que lleva muchísimos años dedicada a ayudar a morir, a acompañar a personas moribundas y, últimamente, de una manera especial, a los niños, que yo creo que tiene que ser todavía más duro.

Recuerdo que hace un par de años, la invité a que viniera a Madrid, a participar en los cursos o jornadas que organizo allí todos los años, y me contestó su secretaria diciendo que no se encontraba entonces muy bien, que vigilaban y controlaban mucho sus viajes al extranjero, y no pudo venir. Y para mí es hoy una enorme satisfacción el haberla podido conocer y espero que a lo mejor sea posible llevarla también a Madrid, tendré que buscar no sé qué local si es que pasa como hoy aquí, pero en fin, mi admiración y mi cariño a esta mujer extraordinaria que estamos todos deseando escuchar. Nada más. Muchas gracias.

Gracias por vuestra paciencia, gracias por venir aquí. Me acordaré de tres cosas cuando me vaya de Barcelona: la primera es la visita al hospital infantil San Juan de Dios; es un lugar hermoso. El segundo recuerdo que tengo es mi visita al Centro de Cuidados Paliativos de Vic. Y la tercera es la inmensa cantidad de personas que había fuera, cuando iba a entrar aquí. Éstas son las tres cosas, de momento, que voy a recordar de Barcelona.

Voy a explicar cómo, siendo doctora en medicina, me especialicé en esto. Yo me licencié en Suiza, en Zürich. En Suiza es muy difícil saber cosas sobre la vida. Es un país precioso: las montañas, la comida, todo es hermoso, pero no está preparado para la vida.

Decía que quiero compartir con vosotros rápidamente cómo me especialicé en el tema de la muerte y del morir. Yo nací en Suiza. Uno de mis problemas más antiguos fue el nacer trilliza. Es realmente una tragedia, por lo menos hace sesenta o setenta años. Mi madre (su barriga iba creciendo y creciendo) esperaba un niño muy grande, cuanto más grande era la barriga, mayores las expectativas. Esperaba un niño perfecto, grande, etcétera, bueno, ya sabéis, como todas las madres quieren. Cuando nací era una cosa horrible, pesaba menos de un kilo, no sabían si era niño o niña y mi familia, bueno, se sintió fatal, muy desilusionada. Mi madre dijo: «Vaya, todavía hay más». Y mi padre y el doctor dijeron: «No, no, va a tener problemas». La madre es siempre a quien se culpa, pero no, ella tenía razón, porque al cabo de quince minutos nació otra niña y ella dijo: «Hay más, hay más». Y el doctor y mi padre dijeron: «No mujer, eso es que estás cansada, tienes problemas, no es eso». Y ella decía: «Que no, que hay más». Y media hora después, nació otra niña. Y entonces se callaron.

O sea que la primera lección que aprendí en esta vida es que cuando hay un problema, la madre siempre es la culpable. También aprendí que los adultos no quieren enfrentarse a la tragedia, lo niegan, dicen que no es cierto, que no es posible. Pero escuchad a la madre, como decía: «no, no». No siempre tienen razón, claro, pero... Entonces crecimos, y las tres éramos idénticas, y si eres idéntica a otro, te sientes como un payaso: teníamos los mismos zapatos, el mismo vestido, el mismo peinado, todo. Incluso los orinales eran idénticos. Teníamos que hacerlo al mismo tiempo, levantarnos al mismo tiempo, cuando las tres habíamos terminado. Ni para eso podía estar sola. Querían meterme en un molde, y eso es algo que todavía sigo odiando.

Mi padre y mi madre eran personas muy buenas, nos querían, etc., pero no sabían la diferencia entre nosotras, ni recordaban nuestros nombres, nos llamaban «las trillizas». Y cuando llegamos a la escuela, los profesores tenían graves problemas para saber quién era quién. Una de mis hermanas y yo nos complementábamos perfectamente: una destacaba en unos temas, en unas asignaturas, y la otra en las otras. Esto representaba de nosotras lo mejor y lo peor, los sobresalientes y los suspensos. ¿Y sabéis lo que significa esto para un niño? Es que a nadie le importa él como persona. La trilliza idéntica a mí finalmente se enamoró y la segunda vez que su novio la invitó a salir (que para ella era muy importante), se puso enferma, y nadie supo lo enferma que estaba hasta que se dio cuenta de que no podía acudir a la cita. Entonces ella dijo: «Bueno, no importa, ya estoy acostumbrada, lo que haces tú, lo hago yo, nadie va a notar la diferencia». Y le dije: «¿Hasta dónde llegas con el novio?». Y bueno, fui yo en su lugar, y el chico realmente no se enteró de que había salido con la hermana que él no conocía. Esto, repito, es la mayor tragedia de mi vida. Imaginaos que yo me enamoro del chico... entonces él no sabrá si está enamorado de mí o de ella, y eso es horrible. Pero con el tiempo, lo que yo llamo «mi tragedia», fue mi mayor bendición en la vida.

Cuando hemos pasado un trauma y miramos atrás, nos damos cuenta de que fue ése el momento de nuestro mayor crecimiento. Si no pasamos por tragedias, no lo sabremos nunca.

Me fui de casa antes de cumplir los dieciséis años. Hice autostop, fui a dar vueltas por Europa, fui a Alemania, la vi completamente destruida, fui a un campo de concentración en Polonia, y vi lo que el hombre hace a su hermano el hombre. Imaginaos, habiendo crecido en Suiza, sin ningún problema, no había pobreza, no había desempleo, nada, y entonces de repente, en mil novecientos cuarenta y cinco, vas fuera y ves todo eso. Pasé hambre, pasé un montón de aventuras por toda Europa, además de la bendición que yo considero que es ese viaje... bueno, terminé el viaje en Maideneck, que es un campo de concentración donde murieron alrededor de sesenta mil niños en las cámaras de gas. Estuve allí mirando y pensé: «¿Cómo puede ser?». No me cabía en la cabeza que en un mismo día esa gente que mataba a los niños, después se preocupara por sus hijos... ¿Comprendéis lo que quiero decir? No me cabía en la cabeza, realmente. Cómo dos personas distintas pueden convivir en el interior de uno. Había una mujer judía que estaba allí, mirándome, y yo quería ver si esos niños habían dejado algún mensaje antes de morir; esa persona me llevó a los barracones y pude ver que estaban llenos de dibujitos de mariposas, hechos con las uñas, o con lo que fuera, y pensé: «¿Por qué mariposas?». Esto en Auschwitz, en Maideneck, todos esos campos de concentración estaban llenos de mariposas, y pensé: ¿qué significan? Yo en esa época tenía diecinueve años y eso todavía no lo entendía.

Luego empecé a hablar con esa chica judía. Me dijo que toda su familia: abuelos, padres, hermanos, todos habían sido empujados hacia la cámara de gas y ella también estaba ahí, pero como no cabía, la empujaron hacia fuera y cerraron la puerta. Cuando cerraron la puerta, ella supo que se salvaría. Entonces vio salir el humo por la chimenea, y ésa era su familia. En ese momento prometió que seguiría viva para un solo propósito: para decir a todo el mundo lo que estaba ocurriendo allí, para hablar de las atrocidades de los campos de concentración. Luego vino la liberación y esa chica, después del *shock* de lo que había pasado, se dio cuenta de que si llegaba a hacer lo que se había prometido, sería peor que el propio Hitler, porque toda su vida estaría dedicada a sembrar semillas de odio. Entonces ella prometió quedarse en ese campo de concentración y transformar ese odio en amor, no sólo amor, sino amor incondicional. En el momento en que ella pudiera transformar ese odio en amor, y trascender esas personas que hacían esas cosas, realmente se daría cuenta de lo que es el don de la vida. Y ella me dijo: «Oye, tú también podrías hacer eso». Y yo quería decir: «Oh no, ni hablar».

¿Conocéis a Pestalozzi? ¿No? Por el acento quizá no comprendéis, Pestalozzi es un héroe suizo, fundó los primeros orfanatos. Para nosotros en América es como la madre Teresa de Calcuta. Pestalozzi... lo enseñan hasta en las escuelas. Bien, de todos modos, lo que quiero decir es que me parezco más a Pestalozzi que a Hitler, pero no podía decir, en ese momento, que realmente iba a trabajar en esto. Me fui de Polonia, hice autostop por Alemania, y entonces me di cuenta de lo que ella quería decir. Estuve unos días sin comer, para experimentar lo que es un estómago realmente vacío, y, entonces, me di cuenta de que si en ese momento llegaba un niño —y eso que yo amo a los niños— con un trozo de pan, se lo robaría. Me di cuenta de lo que pueden llegar a ser esas circunstancias extremas. Todos podemos hacer cosas horribles.

Desde entonces, durante los últimos treinta años, me dediqué a pensar qué podía hacer desde mi posición de psiquiatra y de médico para ayudar a la próxima generación, no convertirme en Hitler sino —simbólicamente, claro— en una madre Teresa. Después de estudiar medicina me casé con un americano, me fui a Estados Unidos, empecé a trabajar en psiquiatría, pero todavía no encontraba la respuesta. Entonces empecé a ver pacientes moribundos en los hospitales, y ahí me di cuenta de que ése iba a ser mi trabajo. Nadie escuchaba, treinta años atrás, a los pacientes moribundos, simplemente los dejaban morir. En Nueva York, si un niño tenía cáncer, la madre decía: «Bueno, tómate un caldito de pollo y te vas a poner bien». Nadie les decía la verdad: que iban a morir. Yo me sentaba ahí con ellos y los escuchaba y decía: «Bueno, estás gravemente enfermo, vamos a hablar sobre ello». Me sentaba con ellos, los tocaba, para ver si tenían ganas de hablar. A veces ellos me decían: «¿De qué quieres que hable?». «Pues de lo que tú tengas necesidad de decir, de lo que quieras.» Y entonces casi todos me decían: «Tengo cáncer». Susurrando la palabra cáncer, como si ésta fuera mala. Y entonces, al compartirlo conmigo, yo decía: «Bueno, pues vamos a ver qué podemos hacer por ti, etcétera». Y en seguida se abrían y empezaban a hablar.

Me di cuenta de que teníamos que aprender realmente a tratar a los moribundos.

Entonces ideé un curso, invité a todos los estudiantes de medicina, a estudiantes de cualquier especialidad, de cualquier profesión que se dedicaran a ayudar a los demás, y empecé un curso muy muy simple, que cualquiera de vosotros podréis hacer, si trabajáis en un hospital. Abrí el aula, había un espejo de esos que no puedes ver desde el otro lado, para estar en intimidad, y empezamos a hablar con pacientes que habían sido diagnosticados de una enfermedad terminal. Y ese paciente empezó a compartir con nosotros sus vivencias, y él se convirtió en el maestro. Los asistentes sociales, todos nosotros, aprendíamos de esos pacientes. No se quejaban, hablaban de las cosas que eran importantes para ellos, y luego, las personas que estaban ahí detrás del espejo aprendieron de esos pacientes a saber qué es lo que tenían que hacer en cada una de sus especialidades, tanto sacerdotes como rabinos o médicos, es decir: escuchar a los pacientes.

Os van a enseñar muchísimo, no solamente sobre el morir, sino sobre la vida. Cada vez que hacíamos estos talleres, no es cierto que los hiciéramos para ayudar sólo a los pacientes, porque ellos también nos ayudan a nosotros. Y ojalá la próxima generación ya no necesite de estos cursos, de estos talleres sobre cómo vivir. Tenemos que preparar a la próxima generación para aprender lo más importante que existe: el AMOR INCONDICIONAL. Desde el primer día. Y practicarlo. Practicar lo que mucha gente va predicando y que quizá no hacen.

Perdonad, voy a hablar ahora —si me aclaro con el micrófono— desde la pizarra. ¿Me oís bien?

(Se levantó y dibujó su famoso esquema que reproducimos en la página siguiente.)

El concepto de la vida es como una especie de tarta. Éste sería el cuadrante físico, éste el emocional, el intelectual y el espiritual, también llamado intuitivo. Si queréis estar enteros, completos, y vivir de manera completa, si realmente queréis ser así, tenéis que estar equilibrados. Tiene que existir un equilibrio entre estos cuatro cuadrantes, si no... Si estáis equilibrados no vais a necesitar a ningún médico ni a nadie y no temeréis a la muerte. Si trabajáis con pacientes moribundos, como si tenéis un niño o si trabajáis con niños con sida y queréis darles una oportunidad para la vida, tenéis que recordarles que en el primer año de vida, lo más importante es el *cuadrante físico.*

Mimáis a los bebés, los besáis, los abrazáis y los acunáis. Hay mucho contacto físico, en lo que se llama «culturas primitivas», por ejemplo: esquimales, aborígenes, indios americanos. La gente a los que llamamos «primitivos» de una manera arrogante, son más sabios que nosotros, porque llevan a sus bebés encima, para que exista este contacto físico. Si un niño recibe esto, «contacto de piel a piel, cuerpo a cuerpo», tiene muy buena base, los cimientos de la casa estarán bien.

Los ancianos necesitan también todo este contacto: abrazos, besos, tocar la mano, todo. Contacto; por supuesto hay que respetar la distancia, porque ya en esa edad, aunque lo necesitan, como he dicho antes, siempre hay que pedir permiso, porque consideran que ése es su espacio. Si a mí me dais un abrazo, yo os diré «gracias», pero tenéis que ver a quién abrazáis, si trabajáis con personas mayores. Yo he vivido bastante tiempo y he tratado con muchos tipos de hospitales y de residencias para ancianos, he visto una gran variedad. ¿Habéis visto la película *E.T.*?* Bueno, entonces ya sabéis algo de lo que estoy hablando. Eso sería un poco como mi ideal de residencia, donde esas personas mayores reciben toda esa atención que también se puede dar a los bebés, como el contacto físico, la comida, etcétera, pero no darlo de una manera como si fuera caridad, porque son personas que tienen su dignidad y su espacio, por tanto hay que pedir permiso antes de entrar en él.

---

* Elisabeth hace un juego de palabras con las siglas E.T., que ella transforma en: Abuelos y Peques - «*Elder-Toddler*».

Un experimento que hacemos en Estados Unidos es tomar niños pequeños, de padres que trabajan y que no tienen dinero para llevarlos a según qué guarderías, y los llevamos a estos centros, pero la gente mayor tiene sus opiniones muy formadas y no aceptan a cualquier niño. A unos les gustan por ejemplo las niñas, los rubios, etc. Entonces escogen a un niño hacia el que realmente se sienten atraídos y se están una hora con ellos y los miman de una manera terrible. Pero existe una regla y es: no comprarles nada que cueste dinero. Entonces les cuentan cuentos, les cuentan cosas sobre su vida, por ejemplo de Suiza, de Escocia, o de allí de donde ellos vengan... ¡A los niños les encanta escuchar estas historias! Les tocan las arrugas de la cara a los ancianos y, cuantas más verrugas tienes, más te quieren, porque pueden tocar el piano en tus verrugas. Necesitan este contacto físico. Y así la gente mayor recibe el contacto físico que necesita sin sentir su espacio invadido. Esto es mucho mejor que estar aislados en sus habitaciones o sus sillas, sin nadie que se les acerque ni los toque. Es un experimento realmente fabuloso. Si vais alguna vez a Estados Unidos, os podría dar la dirección de este centro E.T.

Al trabajar con enfermos moribundos,* exactamente lo mismo: necesitan bienestar físico; si necesitan cualquier cosa para el dolor, dádselo. La parte física es muy muy importante. Se les da morfina, o lo que haga falta; lo importante, sobre todo, es que no tengan dolor. Más del noventa por ciento de mis pacientes no tienen dolor, entonces se sienten bien y pueden volver a su casa para morir. Por primera vez ahora, en Estados Unidos, los pacientes moribundos pueden escoger, y la elección es quedarse en el hospital, porque así lo quieren, porque quieren cualquier posible prolongación de la vida, incluso quimioterapia experimental, si eso es lo que realmente ellos desean, o pueden escoger quedarse en un Centro de Cuidados Paliativos como uno que he visto hoy

* Elisabeth Kübler-Ross, *Vivir hasta despedirnos*, Ed. Luciérnaga, Barcelona, 1991.

en Vic —está empezando a ser una realidad aquí en España— o bien pueden ir a otros lugares donde los cuiden, o irse a su casa. Esto desde luego es mucho mejor de lo que era hace unos años.

Cuando este cuadrante físico esté bien atendido, nos podemos concentrar en el *cuadrante emocional.* Esto, en la infancia, empieza cuando se tiene un año y dura hasta los seis. En este período nos ocurren todos los enganches que luego vemos en la edad adulta, todo lo que nos inculcan aquí. En Estados Unidos tenemos un sesenta y cuatro por ciento de personas que han tenido problemas sexuales; varía el porcentaje, pero es siempre muy alto. Imaginaos si en esta primera etapa, hasta un año o antes de los seis, has tenido estos problemas sexuales, o te han pegado, realmente tu posibilidad de ser completo o equilibrado es muy limitada, porque falla este cuadrante. Esto es lo que intentamos hacer en estos talleres, enseñar a la gente que hay cinco emociones normales y de qué manera las transformamos en emociones no naturales.

Os las diré muy rápidamente, para que podáis entrar en contacto con cualquier asunto no resuelto, con algunas de estas emociones. ¿Qué tipos de temores tenéis? A ver, ¿alguien se atreve a decirlo en público? ¿Qué os da miedo? La muerte. La enfermedad. ¿He oído «fama»? La fama también asusta. No saber cómo morir... No hay problema. Todos esos temores no son naturales, id a casa y sacároslos de encima. Os quitan la energía. Solamente hay dos temores naturales. Uno es caerse de una gran altura y el otro es un ruido inesperado, por ejemplo una bomba. Estos temores son realmente una bendición de Dios, porque nos salvan la vida. Cualquier otro temor no es natural, os ponen enfermos. En América el mayor temor es lo que piensan los vecinos. Cómo vestir a tu niño..., etcétera... ¿éste también lo tenéis aquí? Realmente no es natural, es insano. Y que tus guantes vayan conjuntados con el bolso, y que el peinado esté bien... vaya, ¡qué van a pensar los vecinos! Esto es patológico. Sacáoslo de encima. Si vivís con estos temores, empezáis a desarrollar neurosis, fobïas y culpabilidades. Realmente os quita la energía de una manera terrible. Es cosa de los psiquiatras, y que conste que soy psiquiatra, pero no tenéis que dar de comer a los psiquiatras con estos temores, no los tenéis que alimentar vosotros.

¿Qué os decían vuestros padres? ¿Cómo os llamaban cuando llorabais cuando erais pequeños? ¿Aquí no os dicen: los niños no lloran, sé un niño mayor, los hombres no lloran, eres un llorón...? ¿No lo decís por aquí? ¿Sí? A mí me decían: «Si no paras de llorar, te voy a dar algo —refiriéndose a un cachete— que realmente te hará llorar». Y entonces me callaba, claro. Si no te dejan llorar, tendrás problemas cuando seas mayor, porque estás sentado sobre tus lágrimas, años y años asustado, pensando que si lloras vas a tener más problemas. Si a un niño se le permite llorar, llora poquito; con lágrimas, al poco tiempo todo se cura. Quizá pasará un poco de tiempo pero todo es curable. A las lágrimas hay que dejarlas salir, no os las debéis tragar. Si os tragáis las lágrimas, os vais a volver unos adultos «adobados» en autocompasión. Y estaréis llenos de depresiones, vergüenza, autocompasión. ¿Sabéis lo que es vivir en un hogar donde alguien se esté ahogando en autocompasión? Te pone enfermo. Quieres irte, alejarte de esa persona. Cada vez que quieres animarla, te sale con otra historia y, realmente, te quita la energía. Cualquier asunto no resuelto en esta columna tiene su consecuencia física. Cualquiera que tenga por ejemplo autocompasión, durante cincuenta años, va a tener problemas pulmonares, el asma es un buen ejemplo. Si estáis en un barco en medio del mar y alguien tiene de repente un ataque de asma, contadle una historia que le haga llorar, para provocar las lágrimas, va a llorar mucho, decidle que algo ha pasado con su familia, algo para que se asuste y le salgan las lágrimas. Entonces veréis cómo se le pasa el asma. Luego ya le podréis decir: «¡No, eso no era cierto!».

¿Qué hicieron vuestros padres con el tema del enojo, del enfado, la rabia? Imaginaos que tenéis dos años, y estáis muy enfadados. ¿Qué os daban vuestros padres cuando mostrabais la rabieta? ¿Qué clase de instrumentos de tortura utilizaban para pegaros? La mano... bueno, eso es misericorde. ¿Cinturones, látigos? Tenéis que hacer una lista de todos esos instrumentos. Eso era para enseñaros que los niños no pueden enfadarse. Pero el enfado natural, el tiempo para decir no, o porque no, dura exactamente quince segundos. Sin él no vas a tener autoestima, vas a ser un inválido emocional para el resto de tu vida. Voy a dar un ejemplo de esto: fui a ver un niño antes de que le amputaran la pierna, me hicieron pasar al salón, estaban ahí los padres y el niño. Bien, me puse a dibujar con el niño, y pensé: «¿Por qué me necesitan, si realmente son muy abiertos, muy amorosos?». Y cuando me marché los felicité, porque realmente lo llevaban todo muy bien, pero entonces vi que en otra habitación había un niño sentado ahí en el suelo, y le pregunté: «¿Y tú quién eres?». «Soy su hermano», me respondió. Y fue un *shock* para mí ver que a ese niño lo habían excluido. Entonces, le dije que me acompañara al coche, sólo él. Con eso quise decir: «Te voy a dar tiempo también a ti». Me cogió de la mano y no quería soltarse y, al abrir la puerta, me dijo: «Elisabeth, creo que ya sabes que tengo asma». Le respondí: «No me sorprende en absoluto». La madre estaba allí, mirando, y quería venir al coche conmigo, después lo miró así con ojos como de águila, vigilante, y yo dije: «¡No, no, voy sola con el niño!». Fuimos hasta el coche y pensamos el niño y yo que estábamos en privado, nos sentamos y miramos por la ventanilla, especialmente a la madre que estaba en la cocina, intentando leer nuestros labios. Giré un poco la puerta, de manera que no pudiera vernos. Finalmente, cuando estuve a solas con el niño, me senté y pregunté: «¿Por qué me dijiste que tienes asma?». Y me contestó con una voz muy triste: «Creo que *no es suficientemente grave*, porque es mi hermano el que tiene cáncer. Creo que no soy bueno».

Toda esa negatividad, de la que está llena el mundo, es muy peligrosa a nivel físico. Los celos son una emoción natural. Fui a hacer una visita y tenían un niño en el parvulario y otro que empezaba a leer, y el pequeño tenía celos, y entonces dijo: «Yo también leeré el libro que le has traído a mi hermano». Y así lo hizo. Entonces, estos *celos*, si los transformamos en *imitación*, se vuelven positivos.

Luego está el tema del «si», del condicional. ¿Con cuáles de esos condicionales os educaron? Haced una lista. Quiero decir: ¿os educaron con amor completamente incondicional? Sed sinceros. ¿Cuántos de vosotros fuisteis educados con amor condicional? Venga, no sólo uno. ¿Cuánta gente sincera hay aquí? ¿Cuántos «si» condicionales os pusieron, y de qué tipo? ¿Qué tipo de condiciones os pusieron? Te querré si apruebas el examen, te querré si... tal, tal, tal. Y más tarde, de adultos, vamos siempre con estos condicionales y entonces nos *prostituimos* a nosotros mismos. Muchos adultos lo hacen. Haremos cualquier cosa para comprar el amor de nuestra madre, de nuestro padre, aunque sea en contra de nuestros deseos. Si hacemos esto, no podremos morir en paz, porque nunca habremos vivido. *Necesitamos vivir nuestra propia vida.*

¿Cuántos aquí, en esta sala, tenéis el valor de hacer exactamente lo que os gusta hacer? He esperado un ratito antes de preguntar esto... ¿cuántos de vosotros no hacéis lo que realmente aquí, de corazón, no de cabeza, queréis hacer? Id a casa y cambiad. Y lo digo en serio. Lo vais a sentir mucho si no lo hacéis, tenéis que escuchar vuestro trauma interno, lo de dentro os dirá lo que tenéis que hacer. Estoy harta de ver médicos y gente de setenta años o más que tienen una vida triste, aunque se trate de grandes profesionales que han hecho grandes cosas y que tendrían que estar muy orgullosos, por esto les pregunto: ¿por qué estáis tristes? Y después de un rato me dicen: «Bueno, es que, realmente, yo no quería ser médico». Y tienen setenta y pico de años. Y entonces les pregunto: «¿Y qué querías ser?». «Pues carpintero...»

¿Sabes?, cuando tienes setenta años y estás a punto de morir, ya es un poco tarde para enviarlos a su casa a que aprendan carpintería. Tenemos que hacerlo mientras podemos. No podemos cambiar de profesión en nuestro lecho de muerte. Así pues, haced lo que realmente queráis hacer vosotros, no lo que vuestra madre, vuestro padre, el sacerdote o quien sea os aconseje.

El amor no es auténtico si es condicional. El amor real, el único que existe, es el no condicional. El que no tiene ganchos. No hay condiciones. ¿Quién de vosotros no ha tenido por lo menos cinco minutos en la vida de amor incondicional? Yo diría que sí, porque si no hubierais tenido ni cinco minutos, creo que no estaríais aquí. ¿Hay alguien que no haya recibido ni esos cinco minutos? A veces son los ancianos quienes aportan eso. Quizá cuando vuestro padre os estaba castigando, una abuela, un tío, alguna persona mayor estaba allí mirando, enviándoos amor. Normalmente viene este amor no condicional de estas personas de una generación anterior. ¿Alguna vez les habéis dado las gracias a esas personas? ¿Alguien recuerda a alguna persona así y a quien nunca tuvo la oportunidad de agradecerle lo que hizo? ¿A qué estáis esperando? ¿Están muertos? No es una excusa. Esta noche, cuando os vayáis a dormir, decid: «Abuela —o quien sea—, gracias, no me había dado cuenta de que te podía dar las gracias, a pesar de que estés muerta». Entonces ya habréis terminado la transacción. Este «asunto no resuelto» se puede terminar diciendo «gracias».

Repito: el amor incondicional es lo más importante. No hay nada en esta vida que no se pueda reparar. Si abusaron de nosotros sexualmente, cualquier cosa de ésas, todo, todo se puede reparar. No existe lo no reparable.

Entonces, una vez reparado el cuadrante emocional, cuando hayáis logrado reconocerlo y trabajarlo en cada uno de vosotros, podéis desarrollar el *cuadrante intelectual*, aquel que se ocupan de sembrar y cultivar en las escuelas y colegios durante siete años.

Ahora, centrémonos en el más importante de todos: *el cuadrante espiritual*. Ahí empezaréis a hacer preguntas: ¿De dónde vengo? ¿Cuál es el significado de la vida? ¿Qué es

Dios? ¿Quién es Dios? Y así vais a recibir las respuestas. Cuando el cuadrante espiritual se abre —porque no se ha abierto antes de la adolescencia— estaréis finalmente completos. Las únicas excepciones en las que sí se encuentra abierto este cuadrante antes de la adolescencia, es en los niños moribundos. Un niño que tuvo leucemia desde los tres años y murió a los nueve, pasó por un montón de tratamientos teniendo que dejarlo la familia en el hospital durante seis años de sufrimiento. En una vida tan corta, de nueve años, seis de ellos fueron de sufrimiento. Este niño para mí fue el mayor regalo, porque me enseñó que cuanto más sufre un niño, antes abre su cuadrante espiritual. Esto es lo que yo llamo un regalo, un don compensatorio por el sufrimiento, normalmente un sufrimiento físico. Son gente mayor, sabia, mucho más que los adultos, cronológicamente hablando. No hay ni un solo niño moribundo que no sepa que se está muriendo. Lo saben. Lo saben desde ese cuadrante espiritual. Y si queréis ayudar a vuestros semejantes, necesitáis aprender el lenguaje del alma: el lenguaje del cuadrante espiritual.

Los pacientes moribundos utilizan tres lenguajes, ya sea en catalán, castellano, suizo. Éste sería uno: *el verbal*, y lo podéis entender. Si una persona que muere os dice, en inglés o catalán: «Tengo cáncer, no me queda mucho para vivir», ése desde luego lo vais a entender. Pero no os necesitan, porque ya han trascendido su temor a la muerte, ya pueden hablar sobre ello. Entonces ellos pueden ser vuestros profesores, no a la inversa. ¿Comprendéis? No están aquí para que vosotros los ayudéis, sino que ellos os pueden ayudar a vosotros, tanto si sois médicos como enfermeras, o lo que sea. En su idioma natural nos están hablando y enseñando.

La gente que no puede utilizar el idioma, la lengua normal, utiliza además dos tipos de idioma simbólico: el verbal y el no verbal. Los niños y los adolescentes que mueren es importante que aprendan ese *lenguaje simbólico*, es el equivalente al de las parábolas. ¿Sabéis lo que son parábolas? ¿Por qué Jesucristo utilizó parábolas? ¿Por qué no hablaba en arameo simple?

¿Por qué utilizó ese idioma tan extraño de las parábolas? Debéis tener alguna idea. ¿Por qué utilizaba ese idioma simbólico? Porque era listo. Era tan listo como mis niños. Sabía que la gente de hace dos mil años no estaba preparada para oír lo que él tenía que decir, pero podían escuchar el lenguaje de los símbolos. Los rabinos en América todavía se rascan la cabeza pensando por qué hablaba Él en parábolas. ¡Para que veáis lo que cuesta que la gente entienda! Los enfermos miran a los médicos, a todos los que entran en la habitación de moribundo, y lo que quieren transmitirles es que su vida se acaba, que sus necesidades son concretas, y no entienden por qué no los comprendéis. No con la cabeza, sino con el corazón. Inmediatamente cuando entra alguien en la habitación, el enfermo descubre quién es el farsante y quién el auténtico, y no tiene nada que ver con el intelecto. No tenéis que hacer ver que entendéis lo que dicen. Ellos tienen este lenguaje, equivalente a las parábolas, y quizá una enfermera está ahí y dice: «Sé que estás intentando decirme algo, no estoy segura de lo que es». Pero no pretende entender, no hace ver que lo entiende. Pregunta, dile: «¿Qué estás intentando decir?», hay que ser un poco humilde y preguntar. Entonces no hay ni un solo paciente que no intente cualquier sistema de poner lo que siente en palabras o en lo que sea, hasta que tú llegues a entenderle.

Quiero mostraros algunos de esos ejemplos. Éste es un idioma simbólico y verbal. El no verbal es algo que Jung nos enseñó, el psiquiatra Jung. Él nos dijo que si damos al niño unos lápices y una hoja de papel y le pedimos que dibuje algo, en seguida el niño hará un dibujo. Por ejemplo, un niño que tiene un tumor en el cerebro, lo va a dibujar. Lo pondrá exactamente en el hemisferio donde lo tiene y, en cambio, a lo mejor no lo sabe, intelectualmente hablando. Otra variación es que muchos adolescentes hacen *collages*, recortan y pegan distintas fotos y cosas con las que nos dicen —con ese lenguaje— todo lo que nosotros necesitamos saber para poder ayudarlos. Y los adultos siempre tienen prisas, no miran los dibujos ni los *collages* de un niño.

Este de aquí lo hizo una chica adolescente, de quince años. Le dedicó muchísimo tiempo, amor y atención al cuadro éste, al *collage*. Se lo enseñaba al padre, a la madre; no le prestaban atención. Tenían demasiado trabajo. Se lo enseñó a una asistente social y dijo: «¡Ah, qué bonito!». Y ni siquiera lo miró. Dos semanas más tarde, la adolescente se suicidó. Pero se aseguró de que su cuerpo reposara sobre este *collage*, para forzar a esa gente que no había escuchado, a verlo, a observarlo. Entonces lo miraron. Os lo describiré muy brevemente, porque quizá no podáis verlo: no penséis que ahora vais a ir a clase y empezaréis a leer los dibujos. Realmente se necesita un entrenamiento. En el lado izquierdo, abajo, está su *Pasado*, sus quince años. Esta chica quería ser entendida, de tal manera que utilizó palabras y dibujos, lo que no es muy corriente. En la izquierda: un niño que sufre, necesita ayuda. Y la imagen es el océano, sin nada, solamente el azul oscuro, sin barcos, sin nada. Eso era el contenido de su vida anterior, de sus quince años. A partir de aquí vamos al de la

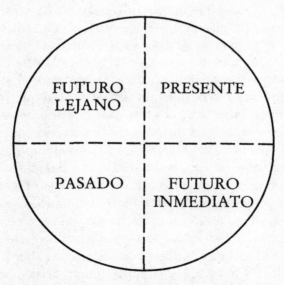

Los cuatro cuadrantes de un dibujo de acuerdo con la teoría de Jung.

derecha, arriba, en el cuadrante del *Presente*. Aquí lo que pone, las letras más grandes, dicen: «¿Estoy loca?». Y luego: «¿Hacerme amiga de mi madre?». Y después: «¿Por qué me ocurre esto a mí? Tengo quince años, debería estar enamorada, dedicarme a pensar en mis estudios, en ir al baile, ¿por qué tengo esto?». Los dibujos que utiliza son unos cachorritos. Aquí hay un niño que abraza un osito de peluche. El mismo significado: la familia. Y luego hay un mono. ¿Cuál es el símbolo de un mono que está vestido y hace payasadas? Es un payaso. Un payaso que intenta hacerte reír, para disfrazar su propia tristeza interior. Esta chica también podía haber hecho el payaso, dijéramos, disfrazarlo, si hubiera podido.

Esto es la semana siguiente, el *Futuro inmediato*. Pone ahí: «libertad, lucha para ser libre». Y las selvas con los árboles cortados. Todavía hay un poco de esperanza, porque hay algo de verde que sale, que apunta. ¿Qué es esto de aquí? El sol. ¿Cuál creéis que es, la puesta o la salida del sol?

¿Quién ve aquí una puesta de sol? ¿Una bomba? No, no. Podría ser, pero no lo es. ¿Quién ve el alba aquí? ¿Quién ve el amanecer? ¿Quién el atardecer? Ambos tenéis razón. Es que cuando el sol baja por aquí, sale por el otro lado. ¿Comprendéis lo que digo? Literalmente cierto. Cuando vuestra vida termina aquí, empieza en el otro extremo. O sea que no intentemos interpretar. ¿Veis por qué lo estoy haciendo? Id con mucho cuidado para no interpretar. Si no estáis seguros, preguntádselo. Aquí no se podía preguntar, porque ella ya había muerto. Pero hubiéramos podido preguntarle muchas cosas. Pero no proyectéis vuestras propias interpretaciones en el dibujo de otra persona. Aquí está otra vez el mismo mono, todavía vestido. ¿Qué le ha pasado? ¿Veis el cambio? Ha dejado de hacer el payaso. Está sentado. No se mueve. El diagnóstico fue peor. Cuando el mono payaso deja de hacer el payaso, ya no hay energía. El diagnóstico, que ahí todavía ofrecía una esperanza, empezó a ser muy negativo. Aquí es el fin de la vida, el futuro más lejano. El *Futuro lejano* siempre se ve en este cuadrante izquierdo superior. Esto fue dos semanas antes de que muriera. ¿Cómo lo vemos, cuál es el dibujo más grande? Un niño que nace. Nace en un hospital, no en la mesa de la cocina. Veis los médicos con mascarillas. ¿Qué es lo que nos está diciendo? Cuando un niño nace no sufre. No dice nada. Entonces le damos un golpecito en el trasero para que empiece a llorar. Esto nos está diciendo: que dos semanas después la encontraríamos sin respiración. Está pidiendo que alguien la lleve al hospital. Que le den este golpecito para que vuelva a respirar. Y si no es posible, ¿cuál es su esperanza? Hay un gato ahí. El gato simboliza siete o nueve vidas. No conocemos sus creencias. No sabemos si creía en algo más allá, en la reencarnación, pero una parte de su vida debe de haber tenido esperanza, diciéndose: «Si este doctor no me puede llevar a la vida, quizá haya algo de cierto en que hay algo en el más allá». Esto fue lo último que dibujó. Esto es lo único que está completamente en blanco y negro. Vemos las mismas emociones, la única diferencia es que no tenía un cinturón de seguridad. El mismo océano oscuro, con un faro. Ésta es la esperanza, la esperanza de que realmente haya una luz al final del túnel. Esto fue lo último que dibujó. Nadie había prestado ni cinco minutos de atención a ese póster, antes de que se suicidara.

Lo que estoy intentando deciros, es que si un niño os da un dibujo o un *collage*, algo que haya hecho espontáneamente, dedicadle aunque sean cinco minutos de vuestra vida, aunque tengáis muchísimas ocupaciones, pero miradlo. Si no lo entendéis, preguntad. Si no podéis ahora, decid: «Esta noche, cuando vuelva de trabajar nos lo vamos a mirar juntos». Podríamos prevenir un montón de suicidios, sobre todo en adolescentes, mirando sus expresiones artísticas, en dibujos o *collages*.

¿Cuánto tiempo nos queda? ¿Unos quince minutos? Necesito un borrador...

Si trabajáis con pacientes moribundos, os pueden enseñar mucho sobre la vida. Os enseñan lo que realmente significa

En *Carta a un niño con cáncer*: «Cuando un barco desaparece en el horizonte no es que se haya "ido para siempre", es que ya no está a la vista».

amar. Los pacientes van a ser vuestros mejores profesores. Los niños moribundos, los pacientes de sida... éstas son las personas que todavía permanecen honestas en el mundo. Y no son los adultos. Yo siempre digo: ¿quiénes son los más honestos, dentro del mundo de los moribundos? Los psicópatas y los niños. Cuando estáis muriendo, necesitáis que sean honestos con vosotros, que os amen sin condiciones. Después de trabajar con pacientes moribundos, durante muchos años llegó esta epidemia de sida. En Estados Unidos tenemos millares y millares de pacientes, y se los trata peor de lo que se trató anteriormente a los pacientes leprosos. Barcelona tiene uno de los más altos índices de Europa en cuanto a pacientes de sida. Tenéis que enfrentaros al hecho de que el sida existe, también en España, y de que es una epidemia horrible. Afecta a todo el mundo, no sólo a los drogadictos. Es una tragedia horrible. Y si no podemos amar, si no podemos tocar, si no podemos cuidar de un paciente que tiene sida, no sabremos lo que es amor incondicional. Cuando cambiemos, cuando muramos y vayamos al otro lado, nos daremos cuenta de lo que no hicimos por nuestros semejantes. Pero todo lo que hagamos aquí, todo lo que practiquemos, nos va a ser retribuido. Y tendremos una gran tristeza si vemos lo que dejamos de hacer ahora. No me gustan los drogadictos, los odio, no los soporto, pero si uno me dice que tiene sida, sea quien sea: drogadicto, homosexual, es igual, necesita que lo cuiden. Los doce últimos años en Estados Unidos he visto más tragedias de pacientes de sida que todo el resto de pacientes que he visto en mi vida, juntando los de cáncer, esclerosis múltiple, o cualquier otra cosa.

He recibido llamadas telefónicas de madres auténticamente desesperadas que no sabían qué hacer con sus niños: «¿Cuánto me cobrarías por encargarte de él?». Estaban ya paranoicas, ya no sabían a quién recurrir. Y entonces yo les daba direcciones de gente, de lugares donde podrían encontrar esa ayuda. Cada día recibo peticiones de este tipo. Nadie quiere preocuparse de ellos.

He visto más de tres mil niños morir de sida.

Nadie quiere ocuparse de esos niños. Estos niños tienen una posibilidad si los sacamos de un hospital y los damos en adopción. ¿Quiénes de vosotros —y cuidado, porque tengo una buena memoria visual, tengo buenos ojos—, a ver, ¿quiénes de vosotros querríais encargaros de uno de esos niños mañana? Bien, os veré luego. Tenemos muchos niños que necesitan direcciones. Los que habéis dicho que no, levantad la mano en el sentido de ¿a qué teméis? Podríais salvar la vida de un niño hermosísimo, que os podría amar más que a nada en el mundo. ¿Por qué no habéis levantado la mano? ¿Por qué? Existe un grupo que se llama Amigos Compasivos, una organización en Estados Unidos y también en Inglaterra, de padres que han perdido a niños y han pasado por toda esa agonía y más o menos se están recuperando. Y ahora, la vida les da una oportunidad para volver a amar, para volver a arriesgarse, para atreverse de nuevo a amar sin condiciones.

Una vida que puede durar dos, tres, cinco años quizá, no sabemos.

Ésta es la elección. Todo ser humano tiene que hacerla. Es una elección dolorosa, pero los padres que están en estos grupos y adoptan a un niño, no solamente reciben una bendición para ellos al tener un niño que los ama realmente, sino que os puedo decir, desde mi propia experiencia al ver el primer niño de sida adoptado, que estas personas, que antes eran tan negativas, ahora no lo son. ¿Por qué? Porque los *adobaron en amor*, los pusieron en remojo en un baño de amor. Y entonces vemos cómo estos niños con sida —no los que están en el hospital, sino los que se van a una casa que los adopta y establece un lazo de amor con estos padres adoptivos, de amor incondicional— tienen una posibilidad de dar negativo en el resultado de la prueba del sida, tal como se ha estudiado y tratado en muchos niños. Estoy hablando ahora de temas de la Nueva Era: métodos y médicos no ortodoxos, no conservadores, y todo lo demás: flores de Bach, meditación, visualización, todo lo posible. Estos niños, tratados con estos tratamientos, dan ahora negativo en el resultado de las pruebas. No existe una epidemia en el mundo que sea ciento por ciento terminal. Depende de una gran variedad de factores. Con suficiente amor literalmente podríamos curar, sanar a todo el mundo. Pero el mundo no tiene suficiente amor.

Mi dibujo perfecto —tengo que presumir de él— lo realizó un hombre al que se le había diagnosticado un cáncer. *(Muestra el dibujo al público.)* Lo describiré para los que no lo podéis ver. Después de que el paciente hiciera un dibujo general —a partir del cual se puede efectuar una evaluación general—, se le pidió que concibiera una imagen de su cáncer. Dibujó un hombre —esto que dibujo yo no es más que un cuerpo simbólico—, y en su cuerpo dibujó unos círculos concéntricos grandes y rojos, significando un cuerpo lleno de células cancerígenas grandes y rojas (color de peligro).

Cuando se le pidió que concibiera una imagen de la quimioterapia, que en este caso era el tratamiento elegido por el oncólogo, y que creo que la mayoría de los médicos lo habrían recomendado, el paciente dibujó unas flechas grandes y·negras, cada una de ellas disparando contra una célula cancerígena. Pero había algo muy extraño e inesperado en su dibujo. Las flechas negras disparaban contra esas células cancerígenas rojas y luego rebotaban en ellas y se desviaban.

Si no supieras nada sobre la interpretación de dibujos y fueras el médico de este paciente, ¿le someterías a un tratamiento de quimioterapia? ¿Le habrías considerado un buen candidato para este tipo de tratamiento?

Pues a este paciente, se le consideró un buen candidato para la quimioterapia. Sin embargo, algo en el interior de este hombre —aunque no su intelecto— me decía que internamente él sabía que iba a rechazar la quimioterapia que se le ofrecía.

Veamos, el mensaje del paciente llega de un cuadrante que la mayor parte de la humanidad todavía no contempla como una realidad. Porque desde nuestro propio cuadrante intelectual hipertrófico que cree conocerlo todo mejor que el paciente, consideramos que este señor es un ignorante, porque está comprobado estadísticamente que este cáncer responde de maravilla a este tipo de quimioterapia. Por consiguiente, habría, en teoría, que ofrecerle este tratamiento al paciente.

Pero cuando te fijas en lo que dice el cuadrante intuitivo del paciente, ves que en este caso la quimioterapia no funcionará.

Así que el amor incondicional —un amor que no es melodramático y sentimental— significa que yo respeto a mi prójimo como a mí mismo. Respeto a las personas que tienen un conocimiento de sí mismas superior al conocimiento que tengo *yo* de ellos. *Su* conocimiento proviene de un cuadrante distinto y, no obstante, será siempre más exacto que el que proviene del cuadrante intelectual.

Si soy capaz de saberlo y de respetar esto, puedo preguntarle a este hombre: «¿Qué te dijo tu médico sobre esta quimioterapia?». El paciente responde: «Mi médico me dijo que la quimioterapia mataría mis células cancerígenas». Y yo se lo confirmo no sin repetir la pregunta.

«¿Qué te dijo tu médico sobre esta quimioterapia?» Una vez más, con tono muy formal, dice: «Mi médico me dijo que la quimioterapia mataría mis células cancerígenas».

«Sí, *pero...*?», pregunto yo. Me miró como si quisiera saber si podía confiar en mí, y luego dijo: «No matarás».

«¿Cómo dices?», pregunté de nuevo, a lo que él repite: «No matarás».

Y ahora —entendiéndole mejor— le digo: «¿Ni siquiera a tus propias células cancerígenas?», y él dice: «No. Verá, doctora Ross, me crié en una familia de cuáqueros. Creo profundamente en la Ley Universal: No matarás. Y lo he estado pensando muy en serio. No, creo que no puedo matar».

Si practicas el amor incondicional, respetas a tu prójimo sin intentar convencerlo, convertirlo ni cambiarlo. Así que no tuve problemas para decirle que me gustaría que todas las personas creyeran en la Ley Universal, porque entonces el mundo sería un lugar hermoso y lleno de paz. Esto era una expresión implícita de mi respeto hacia él y él entendió claramente que yo no iba a despreciarlo, ni reírme de él ni criticarlo. Pero entonces tuve que añadir: «Hazme un favor». (Hay que entender que yo quiero que todos mis pacientes se curen.) No se lo dije a él, pero es de lo que intento convencerlo ahora. Le dije: «Hazme un favor. Ve a casa y piensa en cómo podrías deshacerte de tu cáncer». ¿Entendéis la diferencia en la manera de formular las palabras? Y él confirmó: «Es una buena idea».

Y se marchó para volver la siguiente semana.

Le pregunté entonces: «¿Pudiste pensar en una manera de deshacerte de tu cáncer, lo que en realidad nos dará una pista de cómo podemos ayudarte *nosotros* a ti?». Y de nuevo se le iluminó la cara con aquella hermosa sonrisa. Y dijo: «¡Sí!». Le pedí: «¡Hazme un dibujo!».

Y todo el dibujo —sólo os lo voy a dibujar grande para que veáis cómo era—, en lugar de estar lleno de células cancerígenas rojas, el cuerpo de aquel hombre estaba todo lleno de gnomos. Esos tipos pequeñitos, ya sabéis... *(Dibuja un gnomo en la pizarra. El público se muestra divertido.)* Cada uno de los gnomos se iba llevando, abrazándola con cariño, una célula del cáncer. *(Aplausos y risas alegres.)*

Este hombre me conmovió profundamente. Llamé a su oncólogo y se lo conté, y el mismo día el paciente empezó el tratamiento de quimioterapia. Hoy este hombre sigue con buena salud.

¿Veis la belleza en todo esto? Para mí significa una apertura enorme de las cosas. Sólo hace falta humildad, lo único que hace falta es saber que todos tenemos en nuestro interior todo el conocimiento que necesitamos y si somos humildes y abiertos y si respetamos y amamos a los demás, como a nosotros mismos, seremos capaces de ayudarnos mutuamente.

Y para ello no se necesita tiempo. Son cinco minutos y no cuesta un duro. No exagero.

Yo lo que quiero es que mis pacientes se curen, desde luego, por lo que ahora estoy utilizando un lenguaje simbólico. Os diría: id a casa y haced vuestro propio *plan* sobre cómo podéis eliminar vuestro propio cáncer. Esto hizo que mi paciente entendiera que no hacía falta matar. ¿Comprendéis lo que estoy intentando decir? Para mí esta medicina holística, completa, trata del paciente entero, en su totalidad, en esos cuatro cuadrantes. Si podemos practicar un poco más el amor y la medicina holística, nuestros pacientes tendrán una oportunidad.

Por si vinisteis aquí para oír hablar sobre la muerte y el más allá... voy a deciros lo siguiente: *En el momento de morir, vais a entender que no sois lo que pensáis que sois*, si por ejemplo no os gusta vuestra manera de ser. ¿No os gustaría otra nariz; un poco más aquí; un poco menos allí...? En realidad no somos como pensamos que somos, no hace falta gastar dinero en esto. Esto es como un capullo, un capullo de seda. Esto es lo que somos ahora. No hay dos iguales. En el momento en que morimos —y da igual cómo muramos: de enfermedad larga, de muerte accidental, es igual—, en ese mismo momento, lo que ocurre es que el capullo se abre y suelta, deja salir a la mariposa. Así es como somos en realidad.

Los niños no tienen miedo a la muerte. Tienen miedo de ser enterrados. Ven que al abuelo lo cierran en una caja, la clavan con clavos, luego hacen los adultos un agujero en el suelo, colocan el ataúd allí y, por si fuera poco, le cubren con tierra encima. Esto asusta a los niños. Y cuando van a morir, yo les pregunto: ¿de qué tenéis miedo? Y lo único que temen es el entierro, piensan que se van a ahogar, no pueden entender que ya entonces no es necesario respirar. Tenemos esto que os he enseñado, estas *mariposas*, para diversas edades. Y cuando hablo con un niño digo: tranquilo, cuando os entierren sólo van a enterrar este capullo, pero cuando salgáis vais a ser hermosos, vais a brillar en la luz, y seréis libres y podréis volar hacia casa. Y los niños entienden eso perfectamente. Éstas son las mariposas que los niños en Maideneck, en Buchenwald, en esos campos de concentración, dibujaban. Ellos lo sabían. Habían sufrido tanto, que habían entrado en contacto con ese cuadrante espiritual, y sabían el sitio a donde iban.

Muy muy rápidamente voy a deciros lo que ocurre en el momento en que morimos.* Cuando vuestro cuerpo físico, el capullo, pierde su conciencia, para lo cual necesitamos un cerebro, lo que ocurre es que suelta, libera la mariposa. Esto es lo físico, esto psíquico, y esto espiritual. Aquí está el hombre manipulable. El hombre puede manipular el físico y el psíquico. Nuestras vidas pueden ser positivas o negativas. Lo de aquí arriba pertenece a Dios, y sólo es positivo. Cuando abandonamos el cuerpo físico, sabemos que estamos enteros otra vez, completos. Hay casos de personas que han perdido

* *La muerte: un amanecer*, Ed. Luciérnaga, Barcelona, 1995.

las extremidades y han tenido esas experiencias de casi muerte y allí se veían completos. Cuando los devolvemos a la vida, muchos de ellos no son muy felices, porque vuelven a sus cuerpos con problemas. Cuando se van, todos los defectos desaparecen, mientras nosotros intentamos volverlos a meter en esos cuerpos físicos, o sea que no es raro que no nos lo agradezcan.

¿Cómo podemos comprobar esto de una manera científica? Con todos estos científicos escépticos, que dicen: «¡Bah, eso es ilusión...!». Pues por ejemplo, una persona ciega, que hace más de diez años que no ve, al tener esa experiencia fuera del cuerpo, os describirá exactamente de qué color es vuestro pañuelo, todo lo que ven aquí. La gente ciega no lo podría haber hecho...

Ciertos científicos hipertróficos dirán: «Bueno, esto es que les falta oxígeno». Entonces, lo que digo es que ahí vais a ser *enteros*, ahí sabréis que nadie muere solo. Ahí podéis hacerlo todo: pensar en un padre, en una madre, en ir a la luna, lo que haga falta. Y ahí se puede hacer, con la velocidad del pensamiento estaréis donde queráis, en ese sitio o con esa persona, o sea que no morimos solos. Los niños pequeños nos lo han probado muchas veces.

Suzi, esta niña, cuya madre ha estado a su lado muchos días, procurando que no muera, le dice: «¿Por qué no te vas a dar una vuelta?, vete a la cafetería, descansa un rato». La niña pide a la madre que se vaya. La madre se va, descansa, y después cuando ya está en su casa suena el teléfono y le dicen desde el hospital: «Lo siento, Suzi acaba de morir». Y esa mujer se desespera, diciendo: «Llevo allí semanas y semanas y, en un momento en que me voy a casa, ocurre esto...». Pero esto no es coincidencia, porque Suzi sabe lo que va a pasar, para ella es mucho más fácil irse si no está la madre intentando retenerla. Y de una manera implícita, o explícita, le dice: «Vete, porque quiero irme». O sea que entonces la niña envía a la madre a casa y en ese momento se siente libre y se va. Puede ver a la madre igualmente, puede irla a visitar. Esto tenéis que tenerlo en cuenta.

Si no habéis estado al lado de la cama del moribundo, nunca os sintáis culpables, porque él os puede venir a ver exactamente igual, aunque no estuvierais allí. Si habéis amado a alguien que ya ha muerto, os estará esperando: una madre, una esposa, un abuelo, quien sea. Los pacientes con los que trabajo en California están muy nerviosos porque si han tenido ocho esposas, no van a saber cuál de las ocho los está esperando en el otro lado. ¿Entendéis? No os preocupéis, porque el amor allí arriba se mide con unos baremos muy distintos. Quizás una de las ocho que realmente lo haya amado es quien lo espere, no aquellas a quienes compró el abrigo de visón.

Vuestros ángeles de la guarda estarán allí. Inmediatamente los reconoceréis. Es amor a primera vista. Los ángeles tienen distintos nombres. En California los llaman *guías*. Mis niños los llaman *compañeros de juegos*. No conozco ni un niño que no hable de estos compañeros de juego. Y estos compañeros se pierden cuando nos hacemos mayores, porque los adultos nos dicen: «No hables de esto, que te lo inventas». Y luego, cuando mueren, vuelven a ver a esos compañeros de juegos. En el momento en que morimos nos comunicamos con ellos. Yo tengo unos cuarenta ángeles guardianes, entonces no hay problema en ver quién está ahí. Cuantos más, mejor. Porque vamos a crear una energía psíquica para pasar esa barrera, puede ser un puente, un túnel...

Mi experiencia personal, cuando pasé al otro lado, fue ver una pradera suiza en las montañas, llena de flores. Entonces, al pasar al otro lado, veremos una luz. Si tenemos miedo en estos momentos, hay que concentrarse en la luz. No os distraigáis con otras cosas, concentraos en la luz. Esto es Dios: Jesús, Amor, Luz, tiene muchos nombres, pero es lo mismo, es el mismo principio. Si miramos esta luz, puedo deciros —y tengo experiencia personal, estamos completamente rodeados por esa luz— que es lo mejor que podéis experimentar. Nada que podáis experimentar en esta vida se le puede comparar. Si realmente es el momento de pasar, eso se cerrará. En el momento de la muerte clínica, esto se cierra y se corta la conexión. Se acaba la conexión entre el capullo y la mariposa. Para el médico, esto es la muerte. Aquí ya no se intentan técnicas de recuperación, ya no se intenta prolongar la vida, hay un momento en que tenemos que dejarlo. Nunca tenéis que acortar una vida, pero tampoco prolongarla de una manera infinita. Cuando estamos ahí arriba, no hay palabras para describirlo. Es AMOR más allá de cualquier descripción.

En esta presencia, empezamos a ver lo que hemos hecho con nuestra vida, qué servicio hemos realizado. Aquí lo que importa también es cómo lo hacemos, cómo lo hemos hecho. Nos van a pedir que revisemos toda nuestra vida, segundo a segundo, todo pensamiento, toda palabra, todo acto. Y, al mismo tiempo, sabremos todas las consecuencias de esa palabra, pensamiento o acto de toda nuestra vida. No podemos disimularlo. Simbólicamente hablando, para mí, mi opinión personal, es que esto es lo que significa el infierno. Todo el infierno que hemos creado. Pero si nos hemos rodeado de amor, seremos inmunes a este infierno. ¿Entendéis lo que digo? Espero que lleguéis a comprender que somos responsables al ciento por ciento de todas nuestras palabras, pensamientos y actos.

Id a casa y amad al vecino, tanto si tiene sida como si es rico o pobre, blanco o negro, e intentad ayudar a vuestros semejantes; y sabed que todos nosotros somos hermanos y hermanas. Es la última oportunidad que tenemos, nuestro mundo está muy mal. Es la última oportunidad de amarnos los unos a los otros. Existen tantas guerras, tantos problemas, tantas epidemias, la gente se matan unos a otros en nombre de la religión, no necesitamos eso. Necesitamos ser hermanos y hermanas. Sólo con que hagamos algo en este sentido para amar ya seremos más felices.

(APLAUSOS.)

Pilar

Me están recordando que la próxima semana viene su discípulo Gregg Furth, que ha estudiado todo lo que nos estaba diciendo sobre los dibujos y que ha escrito un libro con ella sobre la interpretación de los dibujos de los niños, tal como nos ha enseñado. Ha llegado ya el momento de acabar. Siempre nos parece poco... No, no ha llegado el momento de acabar, quiere enseñarnos otra lámina.

Elisabeth

No quisiera finalizar esta conferencia sin enseñaros un dibujo que he traído tal y como le prometí que haría al niño que lo pintó. Éste es uno de mis niños más pequeños. El día antes de morir tuvo esa experiencia antes de la muerte, me llamó y me dijo que se le había permitido visitar el Castillo de Verano de Dios, donde Dios veranea. Y esto es lo que él vio. Estaba muy, muy ilusionado con todo lo que había visto, lleno de colores, y me dijo: «Elisabeth, ¿me prometes que cada vez que hables con los adultos les dirás: "Esto que veis aquí no solamente es un arco iris, sino el puente que lleva de esta vida a la siguiente"?». Le respondí: «Sí, sí, te lo prometo». Al día siguiente llamó con mucho miedo, diciendo: «Vaya, me olvidé de preguntarte lo más importante: ¿qué pasa con *Quasar*?». Y yo dije: «¿Qué es Quasar?». «Despistada, es mi perro, que murió hace dos semanas.» En la facultad de medicina no nos enseñan lo que pasa con los perros y no le pude decir nada. Finalmente, como en realidad le quería dar una respuesta, le dije: «No sé si los perros tienen un alma, si van al cielo, no lo sé, pero lo que sí sé, con toda seguridad, es que si necesitas algo de verdad, puedes pedirlo. Si realmente lo necesitas, te lo darán. Si solamente lo quieres, a lo mejor no te lo dan».

Entonces dijo: «Ah, bien». Y colgó el teléfono. Pensé: «Bueno, es lo mejor que pude hacer, no tengo respuesta para todas las preguntas». Al día siguiente, dos horas antes de morir, antes de recibir este dibujo, me llamó y también muy ilusionado, muy excitado, me dijo: «Elisabeth, esta noche he visto a *Quasar* y no sólo estaba allí, sino que movía la cola de contento...».

Cuando él murió yo no tenía el dibujo todavía. Si lo miráis, podréis ver aquí un castillo pequeñito, que es donde estaba el perro. Éste es prácticamente el paciente más joven que he tenido. Este ejemplo está descrito a fondo en un libro que otro autor escribió sobre las experiencias en el umbral de la muerte de muchos niños. El libro se titula *Más cerca de la Luz.* ¿Lo publicarás tú quizá? ¿Sí...? *(Aplausos.)*

Barcelona, 1992

Sida, amor y vida

Entrevista realizada por Kay Allison, fundadora de la librería Quest, y el periodista Michael M. Lapinski, con motivo de la publicación en inglés del libro Sida, la última oportunidad. Elisabeth Kübler-Ross fue entrevistada en su casa de Virginia en 1989.

Periodista: Elisabeth, has escrito este libro: *Sida, la última oportunidad*, ¿por qué crees que ésta es la última oportunidad para todos nosotros?

Elisabeth: No sé por dónde empezar; para mí, el sida está muy cerca de mi corazón. El sida es algo con lo que casi todos hemos crecido. En 1980 cuando vi mi primer paciente de sida, nadie sabía nada sobre esta enfermedad. Todo el mundo decía: «¡Oh, es la enfermedad de los homosexuales, no tiene nada que ver con nosotros!». La mayoría de la información procedía de la comunidad homosexual de San Francisco, pero ahora, ocho o nueve años más tarde, el asunto ha cambiado mucho.

Hemos de vigilar constantemente la información y los conceptos equivocados que estamos dando a la opinión pública: «Que si el sida es una enfermedad terminal, que si siempre es fatal...». ¡Esto no es verdad! El sida no es «la enfermedad de los homosexuales»: es la enfermedad de «nuestra sociedad», de muchas sociedades y de este mundo en el que vivimos ahora.

Si miramos y si estudiamos las profecías de Nostradamus, de los indios hopi o las revelaciones, siempre se ha profetizado que esto iba a ocurrir *antes del cambio de siglo*, hasta que por fin aprendamos nuestras lecciones.

Primero hemos de liberarnos de la falsa noción de que el sida es *terminal*; después, hemos de quitarnos de la cabeza que es «la enfermedad de los homosexuales»; *es una enfermedad del sistema inmunitario y puede atacar a cualquier persona. Es una lección de cómo debemos modificar en su totalidad nues-*

tro estilo de vida: todo..., cómo vivimos, la escala de valores que tenemos, lo que comemos, qué es lo que nos preocupa, etc.

Estamos todos preocupados con los mismos temas enfermizos y esto se puede ver en la investigación del sida. Se puede ver cuando intentas iniciar un proyecto; todo el mundo pregunta *cuánto, cuánto...*: ¿Cuánto dinero? ¡Como si tuviera algo que ver con el dinero! Tiene que ver con la *actitud*, no sólo la tuya o la mía, sino la de toda la sociedad.

Sólo voy a hablar de Estados Unidos. Dejemos aparte lo que sucede en África, donde es una verdadera desgracia, o en Europa, en Australia y Nueva Zelanda. Espero que estas naciones, que apenas están empezando, por lo menos aprendan algo de nosotros...

En Estados Unidos vamos a la cabeza, no estamos muy adelantados en lo que se refiere a nuestra actitud, pero sí estamos más avanzados en los errores que hemos cometido, por esto espero que nuestras naciones no repitan los mismos errores.

Esto lo hemos visto al trabajar con los bebés enfermos de sida: es ridículo, hay grandes asociaciones, organismos oficiales para el bienestar de los niños, organizaciones nacionales que reciben mucho dinero... y ahora están malgastando su tiempo buscando familias que puedan adoptar bebés con sida... ¡Es ridículo! Yo ya lo llevo haciendo desde hace dos años. Tenemos más de ciento cincuenta familias que esperan, *rezan* para poder adoptar un bebé con sida, lo que llenará sus vidas. Tienen mucho amor y compasión *¡y no tienen miedo!* Todo lo que quieren es poder abrazar a un bebé con sida, sólo para transmitirle que es querido, que es mimado y acariciado y darle así una familia donde pueda crecer y desarrollar los lazos afectivos. Pero les es imposible obtener dichos bebés en adopción por cuestiones puramente burocráticas.

P: ¿Existe un corto circuito en alguna parte?

Elisabeth: Existen *muchos* corto circuitos, todo lo que quieren es... no quieren dar los bebés a familias privadas, quieren mantenerlos en las instituciones para que éstas reciban mucho dinero por cada bebé con sida y puedan experimentar con ellos. Se los llama *acericos*. Cada semana, un análisis de médula ósea. Supongo que se figura usted lo doloroso que es una de esas pruebas para un niño de dos años. Estos niños están asustados y después de un tiempo de esta clase de vida, ya no es posible para ellos desarrollar lazos afectivos naturales, quizá sí con una persona o máximo dos, pero no más que eso. Terrible.

Tienen enfermeras veinticuatro horas al día, tienen mujeres de limpieza y mucha gente que entra y sale, pero no pueden establecer lazos afectivos. Después de un tiempo, sólo miran al espacio y cuando por fin logramos verlos y acceder a ellos, normalmente ya tienen lesiones cerebrales, no se pueden sentar, no se pueden levantar o ya no saben jugar. Nunca han estado fuera, no han visto la hierba, nunca han visto flores, ni mariposas.

Verdaderamente les robamos un desarrollo natural y aunque sólo tengan dos o tres años de vida, es verdad que no han vivido, sólo «han existido» en una cuna. Hemos visto niños que parecen paralizados, no pueden moverse. La razón es que nunca los sacaron de la cuna, su musculatura no se ha desarrollado, nada se ha desarrollado. Y cuando finalmente podemos separar a un solo niño y darle una familia cariñosa, *muy cariñosa*, estos niños se abren como una flor. ¡Es fantástico!

¿Has oído hablar de nuestra Lucy de cuatro años, que fue bautizada hace poco? Parecía una reina, irradiaba felicidad. Como una niña normal, con una grave lesión cerebral, eso sí... muy vulnerable, muy enferma. Necesita agua estéril todo el tiempo, necesita recetas especiales, necesita cuidados llenos de amor... pero es y ha sido querida.

Si se muere mañana, su niñez habrá sido una niñez llena de amor. Estos mismos niños de cuna, si están en una institución, reciben de vez en cuando una caricia de alguien que pasa, o quizás un juguete, pero ninguna relación humana... y esto es trágico.

Y ahora están buscando subvenciones y dinero para un proyecto de adopción. ¡Nosotros venimos haciendo lo mismo desde hace años sin recibir ni un dólar! Pusimos un anuncio en nuestro boletín y hablamos personalmente con la Organización de Padres Compasivos (padres que habían perdido un hijo en los últimos años). Les dije: «Si queréis amar a un bebé, vosotros que ya habéis pasado por la experiencia de querer a alguien y tener que perderlo... A lo mejor Dios te ha preparado para ser un *"experto en amar"* y en saber que "estos bebés no son nuestros", que nos han sido "prestados" temporalmente. Si sabes esto, si has aprendido esto, puedes dar amor y compasión a un bebé con sida que, a lo mejor, no vivirá mucho; que, a lo mejor, no irá nunca al colegio...». Pero si está dispuesto a adoptar a uno de estos niños...

¡Entonces, es cuando resulta imposible sacar a los bebés de las instituciones oficiales!

Esto sólo son ejemplos, pero es una idea de lo que es nuestra sociedad: *¡sólo puedes hacer el bien si primero obtienes el dinero necesario!*

He estado haciendo esta clase de trabajo durante los últimos veinticinco años, nunca he cobrado a un paciente, nunca he pedido una subvención, no recibimos nunca grandes donaciones; sin embargo, funcionamos y hacemos nuestro trabajo, y esto es lo que la gente ha de comprender.

Los únicos que son como luz brillante para mí —y creo que soy objetiva al decirlo— es la comunidad homosexual, la comunidad homosexual masculina. Han sido aislados, han sido rechazados, han sido etiquetados y *han sido muy maltratados*. Y se dieron cuenta de que en todas partes (los profesionales de la sanidad, los directores de las funerarias, los dentistas, los taxistas, etc.) les decían... «¡oh no, no queremos a...!» y usaban palabras horribles. Pero pienso que la lección principal que hemos de aprender de esta epidemia que fue anunciada en las profecías, es que *sirve para movilizar*: como un catalizador para separar el trigo de la paja...

Si basas tus decisiones en el miedo, serás destruido, porque tu sistema inmunológico va a ser afectado por ello. Si estás asustado y piensas que has de aguantar la respiración cuando pasas por delante de mi casa (pues podría haber algún virus en el aire de la casa de Elisabeth), entonces, vas a estar tan asustado que vas a enfermar. Eres vulnerable y tu sistema inmunológico va a disminuir. Me gustaría ver cómo reacciona esta gente. Seguramente culparán a alguien...

En cambio, si lleno de amor, fundamentas todas las decisiones de cada día en el amor, el amor incondicional (no el amor de «te quiero si...» haces esto, o lo otro); entonces tendrás tanta energía que crecerás en compasión, en comprensión y podrá sucederte lo que me ocurrió el día antes de la gran conferencia en Washington...

Tenía que preparar, con muy poco tiempo, lo que iba a decir a esa gente: Cuando necesitas ayuda y tu cuadrante espiritual está abierto, entonces sabes que todo lo que tienes que hacer es pedir, y *si lo necesitas*, ¡lo recibirás! ¡Es verdad!, *si sólo lo quieres*, a lo mejor no lo recibirás. Es un buen diagnóstico diferencial...

Estaba sentada en mi silla pensando que verdaderamente necesitaba algo «compacto», algo urgente, algo extra, en un tiempo muy corto. Me tomé un pequeño descanso para comer y para contestar mi correspondencia (mi inacabable correspondencia, doscientas cincuenta mil cartas al año). Me disgusta mucho y me vuelvo negativa cuando tengo que pasar cada noche hasta las tres con la correspondencia. Tenía que estar en muy buenas condiciones al día siguiente... Entonces dije: «Voy a abrir un solo sobre más». Abrí el sobre y en él estaba la respuesta a mi plegaria... el libro *Más allá del sida*, escrito por dos personas con sida, con el Sarcoma de Kaposi, con neumonía y con todos los síntomas posibles.

Ellos hicieron lo que el noventa y nueve por ciento de mis pacientes hacen: se fueron de médico en médico, de clínica en clínica. Todo el mundo les dijo implícita o explícitamente: «No podemos hacer nada por vosotros». Les quitaron toda esperanza. Yo ya dije hace veinticinco años: si le quitas la esperanza a un paciente con cáncer, no va a sobrevivir. No tienen esperanza, nada en el mundo de la medicina oficial les da esperanza, o alguna posibilidad, por eso desfallecen.

Empezaron a buscar, uno de ellos era muy intelectual, muy hipertrófico en su cuadrante intelectual, no creía en nada psicológico ni espiritual. ¿Qué hizo pues? Encontró un libro escrito por un médico (lo cual lo hace directamente aceptable para una persona con una hipertrofia intelectual), porque si es médico: tiene que tener un cerebro, tiene que tener razón. Así que estudió los libros de Simonton, técnicas de visualización y todas esas cosas que yo también utilizo con mis pacientes de cáncer... Y su amigo espiritual, quien tenía más confianza en asuntos espirituales, le dijo: «Oye, hay algo que no está bien en ti, si sientes tanta rabia hacia tu sida, hacia tu Sarcoma de Kaposi, tanta negatividad, no vas a ser capaz de curarte. Tienes que quererlo. Ahora dime: ¿cómo vas a querer un Sarcoma de Kaposi?; tiene un aspecto horrible, se extiende por el cuerpo y tienes la sensación de que eres un leproso».

Pero este hombre amaba a su amigo y lo escuchó y sin que él lo supiera, envió amor a este Sarcoma de Kaposi. Entonces, su amigo le dijo también: «Lo tienes que acariciar, ser amable con él, aunque sientas resentimiento hacia él, te empezará a gustar». Y sin decir nada a su amigo, empezó a acariciar su sarcoma, a enviarle amor, luz, cualquier cosa que pudo imaginar que podría ser positiva.

Entonces, el Sarcoma de Kaposi se hizo más y más débil y empezó a desaparecer. Él necesitaba esto para ver que *había algo positivo en el amor, sólo con abandonar la negatividad.*

El otro amigo (no quiero entrar en toda la historia) se interesó más por el camino de la medicina alternativa, meditación, visualización, alimentación sana, nada de cigarrillos..., un proceso de aprendizaje... El final de la historia es que los dos se curaron.

Había también esa mujer de color que se contagió el sida de su marido; ella tampoco podía aceptar todas estas predicciones negativas y también ella se curó.

Mis dos bebés con sida (tenemos tres mil niños con sida en este país), los dos nacieron con sida. Fueron diagnosticados seropositivos, y después de un año, ambos se volvieron seronegativos y ahora están bien.

P: ¿Por qué no oímos nada más de estos casos? ¿Por qué no aparecen en la prensa?

Elisabeth: Sería una llamada de atención a la medicina oficial, si dices que puedes curar el sida con Amor, pensarían que estás «colocado» o que eres californiano o bien que estás loco. El caso es que para un científico, para un médico, decir que puedes amar a una enfermedad tan horrible y curarte a ti mismo, es inaceptable. Además, está la industria farmacéutica y todo el dinero invertido en este asunto. Entonces, tú dices que todo lo que has de hacer —y no digo que sea fácil, quizá es la cosa más difícil que has hecho en toda tu vida— es amar no sólo a los demás, o a los que han sido agradables contigo, sino que *has de amarte también a ti mismo. Amarse a uno mismo es una lección dura de aprender.*

Hablando de homosexuales, sobre todo si has sido educado en un entorno familiar basado en la idea de que eres un pervertido, que eres un inútil; sin amor propio, sin aprecio por ti mismo, y viene alguien que te dice que *has de amarte a ti mismo*, que has de perdonar a tus padres por tratarte tan mal, que has de perdonar a las personas que en el pasado no quisieron enterrar a tus amigos muertos, que has de perdonar al dentista que no quiso atenderte de urgencia cuando tenías un horrible dolor de muelas... *Has de aprender a amar y a perdonar.* Si puedes aprender esto (es un proceso muy lento), si verdaderamente lo puedes aprender, llegarás a ser *entero, íntegro, total.*

Esto es lo que hemos estado enseñando en nuestros seminarios los últimos quince o veinte años. Entrar en contacto con todas tus emociones negativas, odio, resentimiento, codicia, con toda la negatividad, el proceso de duelo, la falta de amor propio. Si con autoestima puedes liberarte de todo esto, volver a ser natural, esto significará que estás *entero, íntegro*.

Estar entero, íntegro o total, quiere decir que por fin puedes abrir tu cuadrante espiritual. Cuando los cuadrantes físico, emocional, intelectual y espiritual, que son como cuatro cuartos de un pastel, están en equilibrio unos con otros, entonces empiezas a estar en equilibrio con la madre naturaleza. Cuando te curas a ti mismo, también estás curando al planeta Tierra. Cuanto te curas a ti mismo, también puedes convertirte en un sanador y puedes ayudar a otros. Jamás podrás ayudar a otros si estás lleno de odio y resentimiento. Esto es, principalmente, lo que hemos intentado enseñar durante quince o veinte años.

Si pudiéramos enseñar esto desde el parvulario, incluso desde antes, estaríamos enseñando a los niños que educamos, a ser naturales, armónicos y no enfermarían nunca. Quizá tendrían alguna fractura, o a lo mejor, un problema de apéndice, un problema de alimentación o de medicina. No elegirían someterse a cirugía innecesaria ni se dejarían hacer cosas que son un insulto para el cuerpo y para su equilibrio natural. Si podemos aprender que la belleza está dentro de nosotros y aprendemos de los pacientes con sida; si podemos aprender de ellos el curarnos a nosotros mismos, podremos entonces organizar un ejército de personas que han aprendido esta lección, que lo han aprendido de verdad. Podremos entonces criar una generación y dedicar toda nuestra energía a mantener la salud, como se hace en la medicina preventiva, en lugar de atiborrar a los pacientes de antibióticos cada vez que se resfrían un poco, haciendo que, para cuando de verdad lo necesiten, sean ya inmunes a ellos.

P: ¿Por qué hemos necesitado una enfermedad catastrófica para crear una posibilidad de aprendizaje?

Elisabeth: Desde un punto de vista histórico, la humanidad ha sido atacada por epidemias y enfermedades desde antiguo. En mi juventud, la tuberculosis era verdaderamente tremenda, con sanatorios por toda Suiza. Tenías que descansar tres años en un balcón porque no había remedio para aquella enfermedad, más que el sol y el aire puro.

P: ¿Se consideraba a esta enfermedad sin esperanza?

Elisabeth: En aquel tiempo sí, era así, era muy difícil, una vez tenías tuberculosis, ya no tenías ninguna posibilidad. También tuvimos guerras por todas partes. La segunda guerra mundial fue una guerra horrible *y no aprendimos nada* con ella: no aprendimos a vivir en paz con los demás humanos.

Después vino Hiroshima, Nagasaki, Corea, Vietnam. Pensamos que después de la bomba atómica, dominaría la paz... y hasta ahora la paz nunca ha predominado. Después, los niños de Biafra y después una desgracia detrás de otra. No aprendemos nada por causa de *nuestra actitud* (hablo de Estados Unidos). Vemos imágenes en la televisión de niños con las barrigas hinchadas de hambre, mandamos quince o veinte dólares y nos sentimos verdaderamente justificados. Apagamos la televisión y nos vamos a un banquete. ¿Sabes cuánta comida se tira en América sólo en los aviones? Yo que soy fumadora y me siento en la cola del avión, sé que con lo que se tira en los aviones se podría alimentar a un ejército. Se tira tanto dinero, pensamos que con dinero se puede arreglar el problema y olvidarte de él: se manda un talón para Biafra y ya está solucionado. Después vas y te atiborras comiendo como un cerdo, y ni siquiera admitimos que en Norteamérica también hay hambre, gente sin casa que no sabe qué poner sobre la mesa por la noche... ¡No aprendemos!

Ahora llega esta *epidemia del sida*. Ya no es sólo en la tele, en África. El sida está aquí, está aquí y se quedará. El sida ataca a hombres, mujeres, blancos, negros, mexicanos o chinos. Cualquier raza, color y creencia. De repente tenemos que formar una opinión y hacer algo al respecto.

La gente no quiere saber nada. Dice: «No tiene nada que ver conmigo». Lo que tenemos que aprender es que somos responsables los unos de los otros. Si tú estás enfermo, si tú no tienes casa, tenemos que hacer algo nosotros. Esto no quiere decir que yo tenga que alimentar al mundo entero, pero por lo menos debería utilizar todos mis recursos para hacer tu vida más soportable, y la tuya, y la tuya...

¡Tenemos que aprender esta lección!

Así que el sida, bajo mi punto de vista, es una oportunidad. Si no aprendimos con las guerras, ni con el hambre, los terremotos, ahora, por fin, hay algo que afecta a cada uno de nosotros. Habrá sida en todas las comunidades, en todas, y *tu oportunidad* la tienes en cómo vas a responder tú. ¿Lavarás su ropa, cambiarás su cama cuando sea incontinente, cocinarás para él y le alimentarás cuando ya no tenga fuerzas...? O le colgarás una etiqueta y dirás: «¡Ah, se lo merece!». ¿No le harás caso hasta que ocurra en tu propia familia y esto a lo mejor, te abrirá? Por desgracia, esto es necesario para mucha gente antes de que pueda ver la luz.

P: Mucha gente se siente tremendamente desesperada porque en la prensa, en la tele, se dice que no existe cura. Por otro lado están apareciendo, cada vez más, publicaciones que dicen lo contrario: dice que existe esperanza, ¡que hay curación!

Elisabeth: Si sigues el modelo médico actual: no hay cura. Es verdad, no existe. Pero tenemos que aprender que existen otras maneras de sanar y tienen que venir desde dentro. Los antiguos chamanes lo han sabido siempre, todas estas llamadas «culturas primitivas» lo han sabido desde siempre. Nosotros, con nuestra arrogancia, pensamos que con la ciencia y el dinero tenemos todas las respuestas. A lo mejor tenemos que aprender más humildad. Tenemos que aprender que el dinero no lo puede comprar todo y que hasta la ciencia no tiene todas las respuestas. No evolucionaremos hasta que no abramos nuestro cuadrante espiritual y admitamos que existen otras dimensiones y otras realidades que ni siquiera reconocemos... pero ¡están allí! Una vez que reconoces esto y que tú eres responsable, no sólo de tu salud, sino también de mantener la armonía entre los cuadrantes físico, emocional, intelectual y espiritual; si logras esto, tu cuadrante espiritual se abrirá como una flor y contactarás esas otras realidades con ésta. Entonces podrás empezar a visualizar, a meditar... y emplearás la nutrición y muchos otros métodos que te pondrán bien.

Tenemos ciento quince pacientes que se han curado hasta ahora. ¿Dónde? ¡En Estados Unidos! Es una cantidad muy conservadora, es la cantidad que el Centro de Investigaciones ha reconocido (en realidad sabemos que es diez veces más...).

Hay esperanza, pero has de hacer partícipe a la gente que, para aprender esta lección, es necesario soltar todo cuanto sabes, y empezar de nuevo. Es muy, muy difícil. Hablo por mi propia experiencia. (Lo único que intento hacer es dejar de fumar; ¡y es la cosa más difícil del mundo!) Si alguien, por ejemplo, me dice que tengo que dejar de comer carne (no es que me guste tanto la carne, pero... la verdad es que rechazo ser vegetariana porque las personas que presumen de ser vegetarianas me horrorizan. ¿Lo entiendes?), yo tengo que entrar en contacto con el origen de estos sentimientos. Me preocupa verdaderamente mucho, me gusta cocinar y me molesta no poder usar esto o lo otro en la cocina. Me gusta mucho alimentar a la gente y estoy muy orgullosa de ello.

Es un acercamiento multidimensional. Lo mismo pasa con el sida: es una enfermedad multidimensional.

No es una enfermedad causada por un virus. El gran problema es que todo lo que nos rodea, la contaminación del aire, de los alimentos, del suelo, del agua... influye en la disminución de nuestro sistema inmunitario. No sólo del nuestro, también del de la Madre Tierra. La Madre Tierra es una enferma terminal. Cuando aprendamos a sanarnos nosotros mismos y vivir una vida limpia —¡limpia a muchos niveles!— entonces, la Madre Tierra también sanará. Pero tenemos que hacerlo antes de que sea tarde. De esto trata la Nueva Era, que consiste en pasar de una era de materialismo y arrogancia a una era de espiritualidad pura. No es tarea fácil, pero es posible.

P: ¿Dónde pueden ir o escribir las personas que buscan ayuda?

Elisabeth: Deberían primero leer este libro: *Más allá del sida*. Después llamar a las organizaciones del sida y preguntar a los pacientes (los pacientes han sido mis mejores maestros). Preguntar a los pacientes si te pueden decir unos cuantos médicos que estén abiertos a caminos alternativos como la meditación; leer los libros del doctor Simonton... A mí no me gusta la meditación, no puedo estarme quieta con las piernas dobladas y mirar al espacio. No es mi estilo para nada. Pregunta por allí, qué es lo que puedes hacer si no te gusta meditar y te llegarán muchas ideas y tienes que probar... Lo que puede ayudarte a ti, a lo mejor no me va a mí. Para ti, la comida vegetariana y la meditación serían maravillosas, yo me volvería tremendamente negativa y enfermaría más. Cada uno tiene que buscar su propio camino, no existe una única respuesta.

¡Tienes que hacer tu propio guiso! ¿Entiendes lo que quiero decir?

Yo me iría al bosque, subiría una montaña cada día. Es lo que hice después de mi E.C.M. Después de dos días en el hospital con mi lado derecho paralizado, sin poder hablar, yo sabía que si me quedaba en el hospital me moriría. Me despertaban cada hora del día y de la noche con una linterna en mis ojos. Les pedí si podían hacer un poco de música al entrar para que el despertar fuera más suave. Se negaron. Les dije que les regalaría una caja de música suiza, que sólo tenían que abrir la caja de música para avisarme que tengo que despertar. Me dijeron que no lo podían hacer. Les pedí que silbaran al entrar. No podían silbar. Era horrible. Firmé la renuncia y me fui a mi casa. Subí cada día a la montaña, en tres días volví a ser la misma de antes.

Pero esto no es el camino para todo el mundo. Cada uno tiene que saber lo que es bueno para él.

Para mí la montaña y el aire libre y el jardín en verano, me curan y me hacen sentir bien.

¡Probablemente habrá muchos cambios en el mundo, la gente se está responsabilizando!

P: ¿Existe algún interés desde estamentos médicos tradicionales? ¡Ahora, libros como el suyo sobre el sida están llamando la atención del público, no lo pueden pasar por alto para siempre!

Elisabeth: Sólo hace dos semanas que está a la venta y ya hemos llegado a varios miles de personas. También en la universidad están muy abiertos, muy abiertos. Me mandan autocares llenos de estudiantes aquí a la granja para que les pueda enseñar sobre todas estas cosas. Esto hubiera sido imposible hace diez años. Están abiertos a la meditación. Yo no les puedo enseñar a meditar, pero puedo decirles que esto ayuda a algunas personas. Puedes verdaderamente aprender lo que es bueno para ti y compartirlo con los demás, siempre que tú lo elijas y nadie te imponga nada.

AMOR INCONDICIONAL: Si yo puedo tolerar tu alimentación vegetariana y que tú separes cosas de tu plato (que yo he cocinado), si yo puedo aceptarte sin juzgarte, sin colocarte una etiqueta, entonces habré crecido, habré hecho un paso adelante. Esto no sólo vale para el sida, hemos de aprenderlo entre países y vecinos, hasta que el mundo empiece a entender que somos una sola familia, *un mundo*, en lugar de muchas naciones...

Esta idea tiene que extenderse, tendrá un efecto mucho más grande de lo que pensamos. Cuando un número determinado de seres humanos hayan aprendido a vivir de esta manera entonces, en el punto crítico, toda la humanidad hará el cambio. Yo quiero vivir lo suficiente para verlo.

P: Elisabeth: George y Will los dos chicos con sida estaban tan emocionados de conocerte... ¡No sé si eres consciente del estímulo que has dado a millones de personas en el mundo entero! El estímulo que diste a estos chicos para que ellos recorrieran el país, dando ánimo a aquellos que buscan sanación en su vida. Es monumental.

Elisabeth: Hemos de convencer a la gente de que nadie puede vivir sin esperanza. Mis pacientes de cáncer, cuando el médico les decía que ya no podía hacer nada más por ellos, se morían.

Esperanza no quiere decir curación, tratamiento o prolongación de la vida. Esto es verdad al principio de una enfermedad grave como el cáncer, el sida, la esclerosis múltiple o lo que sea. Pero al final, cuando su cuadrante espiritual empieza a abrirse, su esperanza cambia a una cualidad de esperanza totalmente distinta.

Una de mis pacientes negras, en los tiempos en que un trasplante de riñón costaba una fortuna, fue rechazada porque no lo podía pagar, porque no tenía el dinero. Podría haber vivido veinte años más, pero era pobre, mujer de la limpieza, y no tenía ninguna opción. En aquellos días estos valores desempeñaban un papel importante.

Un día me dijo: «Pues bien, doctora Ross, sólo espero que Dios me acepte en su jardín». Por supuesto que yo alimenté esa esperanza y dije: «Él no discrimina, no hay discriminación, sólo hay amor puro». Ella estaba radiante, hablaba de este jardín y ya que soy jardinera, podía verdaderamente compartir esta esperanza con ella. «Esto es mi destino, nací negra, nací pobre y en nuestra sociedad no hay dinero para un trasplante de riñón para personas como yo.» Se murió, pero murió en paz y con una sonrisa, con aceptación amorosa. No sentía ningún resentimiento, ni negatividad. Éstos eran mis maestros en los viejos tiempos.

Lo mismo es válido ahora; con los medios de comunicación, si todo el mundo dice: «Aaah, ¿sida?, te vas a morir, tienes dos años de vida», plantas esta semilla de la desesperación y, desde la desesperación, no puedes aprender a amarte.

Entonces aparece la culpabilidad, el resentimiento, la frustración, la negatividad…, así no podrás curarte.

P: Se tendría que dar la vuelta a esta actitud, ¿no es así?

Elisabeth: Sí, pero hemos de empezar de otro modo. Hemos de empezar a enseñar a toda una nueva generación que Amor es la prioridad número uno. Y que también se puede trabajar en todas las demás cosas; te liberas de tu culpabilidad, te confiesas cuando te sientes culpable, no importa si es real o imaginario, no importa, si verdaderamente compartes las cosas que te hacen sentir culpable, si es genuino, no sólo en la cabeza, entonces seguirá un mar de lágrimas; y si eres amado y aceptado, no juzgado y criticado, aprenderás a perdonarte.

En el momento que aprendes, eres perdonado. Esto es lo que has de enseñar, esto es lo que has de aprender.

Otra cosa que me costó sesenta y dos años para aprender, lo quiero incluir aquí: siempre oí «QUE SE HAGA TU VOLUNTAD». Quiero decir que no tengo ningún problema con esto, ya sé que Él sabe mucho más que yo, pero lo que yo quería en mi tiempo, lo quería al momento. He sido muy, muy impaciente durante muchos años. Empujaba a la gente, quería que todo el mundo trabajara y que las cosas se hicieran en seguida, hasta que por fin me di cuenta de lo que nunca me enseñaron: «TU TIEMPO, NO MI TIEMPO». («Que se haga en tu tiempo, no en el mío.») Hay un momento adecuado para cada cosa y esto nadie lo enseña. Así que creo que esto es lo que hemos de enseñar.

P: Nos empujamos los unos a los otros. ¡Empujamos a nuestros hijos…!

Elisabeth: Sí, cuando es el momento para mí, a lo mejor no lo es para ti. Si alguien me hubiera dicho hace cinco años que dejaría de fumar, habría respondido: «Pffffff..., no estoy preparada». Aún me cuesta, pero me estoy acercando.

Todo el mundo tiene su propia hora, su propio horario y cuando no es el momento oportuno para ti, no lo es.

Entonces existe este horario superior, que ignoramos completamente... Si la gente sólo pudiera observar su vida desde unos kilómetros de distancia... Como el primer hombre en la Luna vio el planeta Tierra y se inspiró para escribir la canción *Moonriders (Jinetes de la Luna)*....

Porque él vio el planeta Tierra. No había fronteras, era el planeta Tierra, era casa, y en su súplica a la humanidad nos pide ver lo que se observa desde esta perspectiva y dejar de destruirlo. Tenemos que empezar aquí, después de la familia, los vecinos, la comunidad, no sólo nuestro país, sino todo el mundo. Entonces empezará la Era de Oro o como lo llamáis, la Nueva Era.

Esto será para nuestros hijos y los hijos de nuestros hijos. No puedo esperar verlo. Justo ahora estoy esperando el nacimiento de mis propios nietos, soy tan afortunada...

P: ¿Qué es lo más importante que una persona como individuo puede hacer?

Elisabeth: Has de volverte sincero de nuevo, porque los adultos no son sinceros, son pretenciosos, todos... Tienes que ser mucho, mucho más sincero. No solamente con el mundo que te rodea, esto ya se entiende. Has de ser sincero contigo mismo: si siento resentimiento, si me dejo provocar, si estoy de mal humor, en lugar de contaminar todo mi entorno, debería echarme una mirada profunda y sincerarme a mí misma y preguntarme: «¿Qué me provoca, por qué reacciono de esta manera?». Entonces libérate de ello, en privado, antes de pegar a tus hijos y al perro, o antes de hacer a todo el mundo infeliz. Y entonces paso a paso, has de saber que siempre,

siempre que reaccionas de forma negativa a alguien o algo, si tu reacción dura más de quince segundos, has de saber que ése es tu problema.

Así que si reaccionas durante más de quince segundos a algo o alguien, entonces echa una mirada profunda y sincera sobre ti mismo y libérate de ello, porque es tu propio asunto inacabado *(unfinished business)*. Y si puedes aprender día a día, cada día, que cuando haces una elección... —y hacemos miles de elecciones cada día—, si haces una elección y no sabes si tendrías que hacer esto o lo otro entonces por lo menos intenta hacer la mejor elección, no puedes equivocarte.

Pero si lo aprendes cuando tienes tres años y no tienes que esperar a los sesenta, es más fácil. Porque los niños son tan sinceros, tan preciosos y nada pretenciosos..., somos nosotros quienes los contaminamos, y cuando llega el momento de ir al colegio ya están contaminados. Ya están llenos de negatividad, llenos de asuntos inacabados.

Tenemos que empezar la educación desde la infancia. Mientras, hemos de ayudar a los adultos. Y entonces es, ya sabes, cuando vienen a mis talleres a aprender cómo entrar en contacto con sus asuntos inacabados, volviendo a ser sinceros, no pretenciosos.

P: ¿Se puede hacer con niños?

Elisabeth: ¡Oh, sí! ¡Seminarios con niños! Un grupo de niños sólo necesita un día para aprender lo que nos cuesta cinco días con adultos, a mí y a mis monitores, además de ser un parto con fórceps.

Oh, con niños es una maravilla. Colocamos un listín o guía de teléfonos, damos a cada niño un trozo de manguera a su medida. Entonces les decimos que pueden empezar a sacar su Hitler, para poder convertirse en madre Teresa. Ni siquiera pueden esperar, y empiezan a pegar a la guía de teléfonos y dicen: «Voy a matar a todos los adultos» y después de un momento se giran y dicen: «Menos a uno, fulanito y menganito».

Cuando han acabado, les pregunto por qué han hecho estas excepciones: «¡Ah, alguien tiene que darme de comer!».

Son tan sencillos y francos... Esto es lo que yo entiendo cuando la Biblia dice que hemos de volvernos como niños. Esto es lo que quiere decir «hemos de volvernos como niños»: liberarse de la basura, de la pretensión.

Lo hermoso de trabajar con pacientes terminales es, y ésta es la razón por la que sobreviví tres décadas, a que los pacientes terminales... Sabes que al principio son personas importantes: secretario del alcalde, presidente del consejo, de comité, y más arriba mejor. Y entonces, cuando están llenos de cáncer, empiezan a liberarse de todas estas reuniones y todo esto. Y al final ya no quieren ver a sus socios, quieren ver a sus hijos una vez más y a lo mejor a algún familiar, una última vez, y al final escogen una o dos personas con las que se sienten cómodos, no teatro, nada de grandes frases, nada de «si comieras esta sopa de fideos, te pondrías bien».

Saben que están cerca de la muerte y lo han aceptado. Su mundo de interés se hace cada vez más pequeño y es entonces cuando muchos miles de personas empiezan a mirar hacia dentro. Así es que al final de su vida empiezan a abrir su cuadrante espiritual.

Entonces, de repente, se dan cuenta de que son guiados, se dan cuenta de lo que algunos llaman los ángeles de la guarda o guías, o lo que les quieran llamar. Y se dan cuenta de que nunca han estado solos, nunca jamás; entonces tienen diálogos y es entonces cuando alguien escribe en su historia clínica que empiezan a alucinar. Cuando en realidad están *conscientes*, y ven a su madre, que murió hace tres años y que viene ahora para prepararlos para la transición, lo que nosotros llamamos muerte.

Pero has de pasar por las muelas de pulir de la vida, miles de veces hasta que conectes con esto. Y siempre digo que cuando la vida te pasa por muelas de pulir, tienes una elección de salir aplastado o pulido. Y si sales pulido entonces la vida te pasa por otras muelas de pulir, hasta que seas un diamante.

Por esta razón mis pacientes son diamantes, porque muchas veces han pasado por un infierno. O mis pacientes han sufrido durante años el sida, rechazados, humillados, maltratados y han sobrevivido y salen más fuertes a causa de ello.

No deseo que la gente tenga que pasar por las tempestades de la vida pero, desgraciadamente, no aprendemos las cosas cuando todo es fácil y va bien. Así que a veces hasta le he dicho a un paciente «no serías empujado a través de las muelas de pulir si no fuera con un propósito».

O con padres que han perdido un hijo; trabajé mucho con padres cuyos hijos fueron asesinados.

Piensan que nunca más van a vivir un día feliz en su vida. Más tarde, se asocian a un grupo de padres de hijos asesinados. Y más tarde influyen en miles de vidas por lo que han vivido y porque saben lo que es...

Has de ver que estas cosas no ocurren como un castigo de Dios. Aún hay miles de fundamentalistas que dicen en este país que algo es un castigo de Dios. ¡No es un castigo de Dios!

La única manera de que por fin podamos aprender humildad, compasión, comprensión, es a través de tragedias. No lo hemos aprendido de ninguna otra manera y hemos tenido miles de años de posibilidades, no los hemos aprovechado. Así que ahora llega algo que va a afectar verdaderamente a todo el mundo. Y tienes que tomar partido... Sobre todo cuando titulé mi libro... *Sida, la última oportunidad*, ¿recuerdas?

Para mí es como la última oportunidad para la humanidad de aprender las enseñanzas del Amor. Si basas tus elecciones en el miedo, te destruirá. Debes liberarte de tus miedos y aprender qué es el amor, no amor de irse a la cama con alguien, no amor de «te quiero *si* me compras un abrigo de pieles». Porque esto no es amor... Amor sin anzuelos (ganchos), sin ataduras, sin condiciones...

¡Si sólo se educara una generación de niños que nunca escucharan la palabra «si...»!

Si traes buenas notas..., ¡oh, Dios!; cómo te querría *si* pudiera llamar a mi hijo «doctor».

Creas una generación de prostitutas. Aprenden que si hacen las cosas que te complacen, entonces obtendrán lo que quieren, esto no es Amor. Los viejos, abuelos y abuelas y los pequeñitos son de los pocos que pueden enseñarse y darse los unos a los otros todo lo que necesitan y todo lo que se les ha timado. Si haces centros E.T., Abuelos y Peques juntos, y saltas una generación (los que trabajan) y pones al pequeño en la falda de la abuela en una residencia de ancianos, por ejemplo, este niño aprenderá lo que es el amor incondicional de esta mujer u hombre viejo. Y el abuelo y la abuela serán acariciados, quieren sus arrugas, les gusta hasta sus verrugas, porque tocan el piano sobre ellos. Los viejos son físicamente acariciados, abrazados y besados por los pequeñitos.

Es tan real, todo el mundo necesita amor. Los mayores ya no son abrazados, ni amados. Los niños necesitan tener muy pronto en la vida un ejemplo de amor incondicional y no tiene que ser sólo de mamá o papá.

Para los padres es muy difícil amar a sus hijos incondicionalmente. Esperan de ellos... que limpien su habitación, esperan de ellos que hagan esto y lo otro, de manera que nunca reciben este ejemplo.

Si unes las personas mayores a los niños, es maravilloso.

Quiero dar mi ejemplo favorito: mis pacientes con sida. En los viejos tiempos, ahora hace tres años y medio o cuatro, cuando quise adoptar bebés con sida, lo publiqué en mi boletín. Este boletín llega a veinticinco mil personas más o menos. Uno de estos boletines llegó a British Colombia. Ahí había una mujer mayor, viviendo sola en un ático, nada de familia, ni dinero, muy pobre. Hacía tiempo que no salía de casa, nunca había hecho nada con su vida. Estaba literalmente esperando morir, ningún objetivo en su vida, nada, sin sentido, y alguien pasó este boletín debajo de su puerta. No sé cómo lo encontró. Leyó sobre los bebés de sida. Y la carta que me escribió... debería enmarcarla en oro. Explicó que por fin decidió hacer algo útil. De manera que se vistió, se colocó su sombrero, un abrigo, zapatos y bajó por las escaleras hacia la calle. Pasando un mercadillo vio que se vendían muñecas en él. Muñecas desnudas, muy baratas, tiradas por los niños con demasiados juguetes. Todas sus posesiones terrenales eran dos dólares y medio. Así que compró las cinco muñecas por dos dólares y medio, ella dio todo lo que poseía, ¿entiendes...?

Se fue a casa con las muñecas, feliz y contenta, repasó los cajones y encontró un trozo de tela. Sacó su vieja máquina de coser e hizo vestidos para las muñecas.

Se sintió la persona más satisfecha del mundo, porque tuvo un objetivo y estaba ayudando a alguien. Era demasiado pobre, no tenía ninguna caja, ni material para hacer un paquete postal, así que tomó una sábana vieja (creo que esta sábana es de todo lo que hay en mi casa el objeto más querido). Metió las muñecas en la sábana vieja y escribió mi nombre y dirección en la tela, deseosa de que llegara hasta mi granja.

El paquete llegó aquí entero, como si alguien lo hubiera llevado con mucho cuidado.

Nos dijo «ahora tiene un objetivo mi vida, voy a recoger muñecas de todas partes y las voy a vestir para sus bebés de sida». Entonces comenzó su vida.

Ya ves, no hace falta ser rico, no tienes que ser listo y tener un doctorado, todo lo que tienes que tener es corazón. Si tienes corazón inventarás algo que puedas hacer para alguien y básicamente no importa quién es. Porque hay mucha gente necesitada en el mundo, mucha gente hambrienta, mucha gente que ensucia sus sábanas y no hay nadie que las quiera lavar. Así que puedes ir a esas casas y lavar los platos, cocinar, limpiar y hacer cualquier cosa que se te ocurra. Habrás contactado con una vida humana y le habrás dado esperanza.

No sólo la esperanza, y quiero enfatizar esto, de curación, sino la esperanza de que alguien se preocupa, que hay personas que no están petrificadas, que no te consideran como de Satán y todas esas tonterías. Sino que te quieren porque eres un ser humano y te quieren ayudar. Lo que siembras, cosechas; esta señora vieja es ahora una ferviente defensora de los bebés con sida.

P: Precioso.

Elisabeth: Hay miles de cosas que podemos hacer.

P: Esto es algo que pueden hacer las personas individuales. ¿Qué puede hacer el grupo de personas más poderoso, los medios de comunicación?

Elisabeth: ¿Ves?, yo creo que todo empieza con el individuo. Si puedes conmover a una persona que trabaja para los medios, y verdaderamente la logras conmover, en el corazón, no en la cabeza, entonces se encontrarán con personas como las que hablamos hace un momento. A lo mejor un vecino del cual han oído que tiene sida. Esta persona va a ver a otra persona y le dice si puede hacer algo para él. Esta persona casi no puede creer que esta señora elegante, conocida, una personalidad en televisión, quiera hacer algo para él. A lo mejor la probará, a lo mejor ha ensuciado su cama, a lo mejor no ha comido una comida caliente y dice: «Bueno, estoy demasiado débil para levantar una taza de café, demasiado débil para hacer cualquier cosa, todo lo que hagas me ayudará, pero lo que me ayudaría más sería que te sentaras a mi lado durante un rato y me acariciaras».

Y esta mujer dice: «¡Oh, haría lo que sea por ti, pero tocarte...!», estás lleno de ¡Sarcoma de Kaposi!

Entonces ella ha de superar sus miedos y tocar esta mano fea, y al hacerlo, algo ocurre dentro de ella. Esto es todo lo que hace falta, sólo hace falta contactar con una sola persona adecuada y entonces saldrá en los medios de comunicación. No empieces por el tejado, empieza siempre por la base.

Los medios de comunicación pueden recoger casos de personas que se han curado. Los medios de comunicación podrían compartir historias positivas como la de esta señora vieja en British Colombia. Los medios de comunicación podrían hablar de mis dos bebés con sida que están ahora bien y con sus análisis negativos. Nunca han estado en los medios de comunicación, la gente no lo sabría si no lo oyeron en una de mis conferencias. Hay muchas cosas que pueden compartir, pero por lo menos transmitir lo siguiente: «Puede ser que sea terminal, si sólo miras el modelo médico, científico, pero existen otros modelos, como existen otros sistemas solares y otros universos: no somos el único». Si los medios de comunicación sólo pueden transmitir que sabemos tan poco... sólo porque pensamos que el modelo médico es la única respuesta.

Siempre recuerdo cuando se decía que la Tierra era plana y las personas que lo cuestionaban eran consideradas locas, ahora todo el mundo sabe que es redonda. Lo mismo con Samuel Bold. Él dijo que cuando atiendes un parto, has de lavarte las manos, porque la suciedad estaba matando a las madres. Lo destruyeron, murió como un hombre deshecho, destruido. Unos años después de su muerte descubrieron que tenía razón: si los médicos se lavaban las manos, las parturientas no se morían.

Siempre hay precursores, en medicina, en ciencia, en astrología, en todas partes. Fueron linchados y criticados y destruidos y unos años más tarde se descubrió que tenían razón.

Tienes que arriesgarte y seguir adelante. Tu elección podría también ser: no decir nada, no hacer nada y entonces no ser nada.

Ésta es tu elección personal, tenemos que hacer estas elecciones.

Barcelona, 1992

Epílogo de la edición sueca

Al enviar este libro a la imprenta, la noticia de la bomba terrorista en Oklahoma City apenas ha tenido tiempo para hacer mella en nosotros. A pesar de lo que sabemos sobradamente —Oklahoma no está ni más ni menos cerca que Bosnia o Chechenia o, para el caso, Hiroshima, Auschwitz o Dresde— nos *afecta personalmente* de forma distinta. Tal vez sea por esa realidad humana universal —aquella verdad «demasiado humana»— de que respondemos más a lo que tenemos más cerca. Elisabeth Kübler-Ross nos enseña algo más grande: que en la raíz no hay ninguna diferencia entre «los otros» y «nosotros», entre lo lejano y lo cercano, entre allá y aquí. Según lo cuenta ella, el sufrimiento y el acto de morir de otras personas es la oportunidad más grande; para ellos y para nosotros. Si tan sólo pudiéramos aprender a *estar ahí*... Y, como lo cuenta ella, hay momentos en que casi parece fácil.

En el otoño de 1994, estaba fuera del estado de Virginia para recibir un premio por mi trabajo. Tuve la suerte de pasar un día en que todos me recordaban y atendían, en lugar de ser yo quien recordaba y atendía a los demás. Mi casa estaba preparada para las fiestas. Los paquetes con los regalos de Navidad estaban listos y a punto de ser enviados: docenas de calcetines con regalos de Navidad envueltos para mis bebés con sida esperaban a ser repartidos el lunes siguiente. Pero no iba a ser así. Cuando regresé a las montañas de Virginia, me recibió una amiga que intentó impedirme que volviera a casa aunque, finalmente, tuvo que confesarme que *«ya no tenía casa»*. Un pirómano me la había destrozado. Todo —todos los regalos de Navidad hechos a mano, los meses de trabajo— se había quemado y estaba hecho cenizas. Mis cuatro mil libros y todas mis colecciones habían quedado totalmente destruidos, por decirlo de alguna manera. Mi llama domesticada estaba muerta de un disparo, y la señal que indicaba el camino hacia el centro estaba acribillada con agujeros de bala.

Al final entendí el mensaje. No era bienvenida en Virginia. Pensé para mí: «Lo has intentado durante diez años, es hora de empezar en otro lugar». Yo estaba dispuesta a reconstruir, pero mi hijo no quería saber nada del tema. Con el pretexto de invitarme a una cena a base de langostas, me puso en un avión con destino a Arizona.

Es un don especial de Elisabeth Kübler-Ross, hacer que los asuntos fundamentales y las grandes luchas humanas parezcan algo que *incluso nosotros* podemos afrontar, porque —dice— el poder para conocer la verdad es inherente a todos. En realidad, nunca dice que sea fácil y en todos sus escritos, incluido este texto reciente, se niega a ocultar sus propias luchas y dolor. Simplemente, nos invita a caminar con ella por el elevado sendero de lo que es más profundamente humano.

Y así, este libro llega en un momento de transición para ella. Ciertamente, el mundo en general no ha recibido uniformemente con buenos ojos sus proposiciones, pero muchísimas personas han aprendido directa e indirectamente de ella. En este momento de su vida se encuentra recibiendo una serie de premios por el trabajo de tantos años, que son la cresta de una larga ola creciente de reconocimiento. Y justo el otro día, con ocasión de uno de estos premios que le otorgaba la Gladys Taylor McGarey Medical Foundation en Scottsdale, Arizona, para celebrar sus logros en las artes curativas, ella dijo en su discurso de aceptación:

A través de mi trabajo en la preparación para la muerte y con los pacientes de sida, he adquirido perspectivas sencillas que son tan importantes para los vivos como para quienes mueren. Primero, amar; amar de verdad, sin condiciones, generando este amor en otros. Además está la increíble oportunidad que tienen los médicos y los profesionales de la salud de ser maestros y ayudar a sus pacientes a vivir su vida con una armonía verdadera. Los médicos pueden ayudar a sus pacientes a desarrollar las herramientas para hacerlo. No debería hacer falta una enfermedad terminal para que la gente examine su propia vida y se den cuenta de que el amor y las relaciones son más importantes que un empleo.

La doctora Gladys Taylor McGarey, una prestigiosa sanadora y pionera de la medicina por derecho propio, contribuye con un relato conmovedor sobre la transición actual de su amiga íntima de muchos años:

El domingo de Pascua en Arizona, Elisabeth llegó a mi casa para celebrar la ceremonia al amanecer. Disfruta enormemente pintando huevos y observando la alegría que ilumina los rostros de los niños cuando los encuentran. Al entrar, se fijó en alguien que escondía los huevos pintados para mis nietos. Espontáneamente dijo: «Hay que esconderlos mejor; los retos de la vida estimulan el crecimiento».

Nuestra amistad se remonta a muchos años, y me di cuenta de que Elisabeth está en el proceso de analizar más a fondo su propia transformación personal; pasar de la muerte y los moribundos para centrarse en la vida y los vivos.

A pesar de que estaba dispuesta a reconstruir su casa en Virginia, su hijo se la llevó hacia el oeste. Aquí, en el prístino desierto de Arizona, la naturaleza ha sanado a Elisabeth. Ha llegado la hora de iniciar otra etapa en su vida con un enfoque nuevo sobre cómo sanar su pérdida y cómo entregarse a una aventura nueva y maravillosa.

Como respuesta a este nuevo libro después de leer las galeradas, *la autora ha escrito*: «Cuando terminé *Death Is of Vital Importance* ya llevaba veinte años hablando con hasta quince mil personas a la semana. Y entonces empecé a sentir que había difundido por el mundo virtualmente todo cuanto había aprendido de mis pacientes. Con palabras más sencillas, diré que me había empezado a cansar de contar las mismas historias una y otra vez, y que estaba preparada para retirarme de la actividad de hablar y enseñar en público. Sin embargo, ha sido con renovado placer que he vuelto a leerlas aquí en este libro, y también especialmente por los felices recuerdos que me han ofrecido. Mis niños favoritos "han cobrado nueva vida" y con ellos también una parte de mí».

Una cosa que saben bastante bien los editores es cuándo se les presenta una oportunidad para hacer algo importante. Estamos agradecidos por ésta, de poder ayudar en el proceso de «difusión», algo que en el Este con seguridad se llamarían «enseñanzas». O como dice la doctora McCarey: «Ya sea para ayudar en la transición de la medicina, u otra forma de estar al servicio de Dios, Elisabeth Kübler-Ross seguirá contribuyendo con su luz a este mundo».

George Quasha
en colaboración con Charles Stein y Susan Quasha

Índice